SCHWARZE POLITIK

Matthias Beltz

Schwarze Politik

Pamphlet gegen die öffentlichen Harmoniestifter

Scarabäus bei Eichborn

Reihe Scarabäus:
Herausgegeben von Albert Sellner

Für Hendrike von Sydow
(Vorläufiges Frankfurter Fronttheater)
und Dieter Thomas
(Vorläufiges Frankfurter Fronttheater)

CIP-Kurztitelaufnahme der Deutschen Bibliothek

Matthias Beltz:
Schwarze Politik – Pamphlet gegen die
öffentlichen Harmoniestifter/Matthias Beltz.
– Eichborn, 1987. ISBN 3-8218-0400-9

 Cover: Uwe Gruhle. Satz: Fotosatz L. Huhn, Maintal. Druck: Fuldaer Verlagsanstalt GmbH. ISBN 3-8218-0400-9. Verlagsverzeichnis schickt gern: Eichborn Verlag, D-6000 Frankfurt/70.

Inhalt

1. Politik und Polemik

»Bei Helvetius, dem französischen Aufklärer, findet sich der Satz, Unterdrückung habe darin ihren Grund, daß die Unterdrückten sich nicht verständigen können. Unterdrückung bedeutet immer auch: des Wortes beraubt, sprachlos sein. Und Nietzsche folgte Helvetius, als er voraussagte, künftig werde der Kampf um die Macht vor allem ein Kampf um die Machtübernahme im Reich der Sprache sein. Souverän ist, wer die Wirklichkeit zu Lasten anderer benennen, wer neue Sprachregelung verbindlich durchsetzen kann.«

Gerd-Klaus Kaltenbrunner – Vorwort zu »Sprache und Herrschaft«, Freiburg 1975.

Wie soll das alles weitergehen?

Die Antwort ist einfach. Es geht auf jeden Fall weiter. Denn die Welt ist alles, was Zerfall ist. Die Welt zerfällt, und in der Arche ist ein Leck. Das aber war schon immer da. So scheint heute mehr Besorgnis darüber zu bestehen, wie einzelne Menschen mit der schadhaften Welt umgehen sollen, als ein kräftiger Wille vorhanden zu sein, die Welt zu verändern. Weltverbesserer sind komische Figuren, und die kleinen Leute wissen, daß die Verhältnisse sich so schnell ändern, daß es auf ihren Veränderungswillen gar nicht mehr ankommt.

Wir leben in einer romantischen Epoche der faszinierten Wollust durch politische Gewalt. Aids ist daher die konsequente Seuche, die die sexuelle Energie bändigt, um sie in politischen Masochismus umzuleiten. Das soziale Ideal unserer Zeit ist das Opfer.

Ihm erscheint die Welt furchtbar kompliziert. Und jeder weiß, daß die Welt furchtbar kompliziert ist. Mitleidig erinnert sich das Opfer an die Aufklärung, die davon geträumt hat, diese Welt durchschaubar zu machen, die die Tricks und Techniken der Macht durchleuchten und alle Menschen zu vernunftbegabten Wesen und politisch souveränen Staatsbürgern erziehen wollte. Das aber sind Täter. Das sind, vom Standpunkt des Opfers aus betrachtet, Verbrecher. Die Aufklärung war also ein Traum von Niedertracht und Verbrechen. Vorbei, vorbei.

Das Opfer lehnt sich im Sessel des Zeitgeistes gemütlich zurück. Aus diesem Alptraum sind wir endlich aufgewacht. Und stolz beharrt das Opfer auf der Einsicht, daß es vergebliche Mühe ist, irgend etwas in der Welt begreifen zu wollen, Ursachen zu erkennen und Veränderungen anzustreben. Die Welt ist ihm furchtbar und kompliziert, und damit muß der Einzelne fertig werden. Was wiederum ein Beweis für die Furchtbarkeit der Welt ist.

Dieser Zeitgeist ist recht nett. Er entspannt ungemein. Man kann sich wieder aufs Wesentliche konzentrieren. Aufs Geldverdienen, Rentensparen und auf Techniken der Seuchenabwehr.

Politik, also Staatsgeschäfte, wird in den Adel launiger Feierabendbemerkungen erhoben. Man überläßt sie den zuständigen Fachleuten, von denen man weiß, daß sie eigentlich davon nichts verstehen.

Nach dem Zweiten Weltkrieg wollten viele Deutsche von Politik nichts mehr wissen, weil sie sich in ihrem Selbstverständnis am Nationalsozialismus die Finger verbrannt hatten. Der Vertreter der damals skeptischen Generation hieß Ohnemichel und war ein rechter Workoholic: Arbeiten und nicht verzweifeln, hieß seine Parole.

Heute ist die Stimmung – auch wenn es oft gegenteilig anmutet – ähnlich. Es ist nicht wie 1945 das Deutsche Reich zusammengebrochen, sondern nur das Wunschbild der Revolution in einer spätkapitalistischen Gesellschaft. Aber das Gefühl, sich an der großen Politik die Finger verbrannt zu haben, bewegt so manchen Privatier. Auch jüngere Menschen, die damals, in der jüngsten Vergangenheit der sechziger Jahre, gar nicht dabei waren, wollen die Fehler, sich politisch-utopisch zu engagieren, nicht wiederholen, um sich Enttäuschung und Resignation zu ersparen.

Zwar wird viel gehandelt und gewerkelt, in Bürgerinitiativen und Randgruppen aller Art, aber auch hier gilt die übrige Welt als furchtbar kompliziert, und die problemorientierte Lösung ist dagegen meist einfach. Zwei Panzer ergeben fünf Kindergärten und ein Frauenhaus. Sparen wir beim Rüstungshaushalt, und die Welt ist in Ordnung, ist doch alles machbar, Herr und Frau Nachbar. Ansonsten ist die Machbarkeit gerade die Ursache des Übels, Politiker werden als kalte Macher denunziert, und der Mensch als Gattungswesen soll gefälligst nicht alles machen, was er machen kann. Denn ein diffuses Prinzip Verantwortung, das das Prinzip Hoffnung abgelöst hat, klopft uns allen schicksalhaft auf die machenden Finger.

Die Situation ist grauenhaft. In der Bundesrepublik regiert der dumpfeste Regionalkonservatismus, die wertbewußte Einschränkung des Blickfelds auf den eigenen Augenschein. Und diese geistige Beschränktheit ist nur zu einem geringen Teil dem Kabinett Kohl anzulasten.

Die politische Verblödung ist kein Produkt übelster Manipulation der Herrschenden. Sie ist weitgehend selbstverschuldete Kapitulation vor der Ungemütlichkeit des Lebens. Das deutsche Volk wächst wieder zur sich selbst sinnstiftenden Volksgemeinschaft zusammen. Natürlich kann man wie der Hl. Bernhard seine Aufgabe darin sehen, die Schlechtigkeit der Welt zu beweinen. Dies aber ist das Gegenteil von Tugend.

Bei aller Schimpflichkeit der politischen Kultur läßt sich nicht verbergen, wer dazu gehört. Gerade auch der, der da so schimpft. Es ist also nicht neue Suche nach fremden Schuldigen, wenn ich in den folgenden Kapiteln schwarze Politikbetrachtungen anstelle. Nein, der Zorn rührt gerade daher, daß ich genau weiß, wieviel Fehler und Verbrechen ich selbst mit anderen angerichtet habe. Schuldgefühle also mögen die Feder schärfen – sie dürfen nie zum Schweigen verurteilen. Ein gutes Schuldgefühl ist wichtiges Futter für die Polemik.

Die Kultur der politischen Polemik ist in der deutschen Gegenwart noch unentfaltet. Vor der diesjährigen Bundestagswahl hielt in der »Elefantenrunde« des Fernsehens einer der beteiligten Männer – ob Appel vom ZDF oder Bangemann von der FDP, ich hab' es nicht genau heraushören können – der Vertreterin der Grünen, Jutta Ditfurth, entgegen, Polemik mache häßlich. Diese Fernsehsendung am 22. Januar 1987 zeigte, welche Fronten durch das Urteilsvermögen unseres Volkes gehen. Denn einige sahen, daß die Häßlichkeit bei Kohl, Appel, Bangemann, Schulze in einer unerträglichen Weise vorherrschte, daß dagegen Ditfurth und manchmal auch Franz Josef Strauß in polemischer Schönheit erblühten. Welcher Riß jedoch unser Vaterland trennt, zeigt die Tatsache, daß es wieder andere Menschen gibt, für die das Gesicht des Kanzlers und seines Wirtschaftsministers weder ästhetische Beleidigung noch Gotteslästerung ist. Denn immerhin schuf der Herr den Menschen nach seinem Bilde. Aber was muß das für ein Gott sein, der solche Köpfe formte?

Die Kunst der Polemik ist auch in Kreisen der Polemiker unbeliebt. Wie herrlich schnell beleidigt ist doch ein jeder, trifft ihn eine Attacke dieser mit militanten Worten gerüsteten Armee. Polemiker sein heißt, beleidigend zu sein und gegenüber Personen der Öffentlichkeit keine persönliche oder sachliche Rücksicht zu nehmen. Wer sich in die Öffentlichkeit begibt, geht wie ein Boxer in den Ring; so ist es immer wieder verwunderlich, wenn Polemiker sich wundern, wenn's eins auf die Mütze gibt.

Das Leben ist furchtbar, das sagen uns alle, die in öffentlichen Positionen aus dem Leben für sich das Beste herausholen wollen. Und da darf geholzt werden – ob es um den Papst oder um einen Revolutionär geht. Wer sich öffentlich profiliert, stellt auch die Umgebung seiner Gürtellinie zur Schau. Nur die Polemik ad personam macht deutlich, daß Menschen und nicht Strukturen Politik machen und Macht ausüben.

Und etwas verbindet uns doch alle. Wir sind Anfänger, wir fangen an, ein ungeheuerliches Projekt zu entwickeln, eine demokratische Gesellschaft aus dem historischen Nichts heraus zu erfinden. Alles, was bisher dazu gedacht war in Plänen und Utopien, Programmen und Theologien, alles das hat ja nichts mit Demokratie zu tun. Unser Erbe ist eine Sammlung von Ideen, wie man Menschen gegen ihren vorhandenen Willen zu ihrem Besten zwingen kann, alle demokratische hehre Geistesgeschichte ist die Geschichte einer gut verpackten Vergewaltigungsphantasie. Denn im Zentrum der Träume von der Demokratie steht bisher meist die Vernichtung ihrer Feinde. Und wer der Feind der Demokratie ist, so lehrt die Geschichte, das bestimmt sich danach, wer gerade die Definitionsmacht und die Exekutionsmacht besitzt.

Es ist also welthistorisch nicht fünf vor zwölf, es ist einfach Normalzeit. Das ist schon deprimierend genug, aber noch ist die Lage nicht ganz aussichtslos.

Die wunderbare Erkenntnis, daß der Mensch von

Hause aus nicht das opferträchtige Lamm und das tumbe Idyllenwesen ist, zu dem er durch manche pazifistische und religiös-sozialistische Anthropologie gemacht werden soll, die Erkenntnis, daß Menschen gewalttätige und liebesbedürftige, geniale und vergeßliche Zwitter sind, diese Erkenntnis muß nicht mehr zu ständestaatlichen Vorstellungen führen, denen zufolge nur eine strafrechtliche und religiös gebundene Zwangsanstalt namens Staat hier Ordnung schafft. Es ist denkbar geworden, daß Demokratie, an deren Beginn wir stehen, das Grundrecht auf Bosheit und Niedertracht toleriert.

Und um genau dieses zu erkämpfende Grundrecht geht es in der gegenwärtigen Phase des Kulturkampfes um Staat und Gesellschaft. Eine konzertierte Aktion, die als Große Koalition durch alle Parteien marschiert, kämpft um den Sieg des Guten. Die Aufgabe, gemeinverständliche und allgemeingültige Moral zu entwickeln, wird als erfüllt angesehen, und die Moralapostel der eigenen Selbstherrlichkeit streben zum Sieg.

Die politische Gefahr kommt heute aus den Plänen für eine Diktatur der Überlebensmoral. Politische Romantik und politische Theologie bedrohen die im Entstehen begriffene Demokratie. Diese Waffen gilt es zu zerstören.

Der Vernunft und der Demokratie ist der Krieg erklärt worden. Der Konsens der Demokraten ist aufgekündigt worden, wenn er denn je bestanden hat. Es herrscht das Chaos, dessen politische Festung die öffentliche Harmonie ist.

Stürzen wir uns also in die Unruhe, in die Aufregung. Denn Langeweile ist nicht nur eine Kategorie der künstlerischen Weltbetrachtung, Langeweile ist auch ein Gemütszustand staatspolitischer Enthaltsamkeit. Liebevoll wende ich mich daher einem oft schon Totgesagten zu, Franz Josef Strauß, dem Vertreter einer aussterbenden Gattung beeindruckender Persönlichkeiten. Jahrelang, jahrzehntelang hat er Wind gesät und Sturm geerntet, Haß gepredigt und Haß erzeugt, und nie hat er einen Zweifel daran gelassen, daß es in der Politik anders zugeht als in der Sonntagsschule. Franz Josef Strauß gebührt die Ehre, mit reaktionärer Politik und furchtbarer Rhetorik eine schwarze Synthese aus Konservatismus und negativem Linkspopulismus geschaffen zu haben. So wie sich seine Anhänger wohl fühlten im Schatten des starken Mannes, so genossen seine Feinde stets die ungeheure Gefahr, die von ihm ausging. »Gott behüte unser Haus vor Barry Goldwater und Franz Josef Strauß«, so hieß es in den 60er Jahren, als der heute nicht mehr so bekannte republikanische Politiker Barry Goldwater mit Rassismus und Provinzverherrlichung Präsident der USA werden wollte. Und als im Jahre 1980 Franz Josef Strauß gar Kanzlerkandidat der Unionsparteien war, da schlich ein heimeliges Gruseln durch die Linke. Es wurde ein antifaschistischer Konsens zwischen allen Fraktionen beschlossen und Strauß ausgedeutet als die Verkörperung einer drohenden Wiederkehr des Nationalsozialismus. Strauß brauchte bloß mit den Augen zu rollen, und schon verblödete die Linke auf einen Ruck.

Auch die abendländisch-christliche Kultur des Geiferns war bei ihm gut aufgehoben. »Ich finde es bemerkenswert, daß sich die CSU aufregt, zu Recht aufregt, wenn ein Herr Schröder den Herrn Strauß eine Sau nennt. Aber warum regt sich kein Mensch auf, wenn Herr Strauß den Herrn Schönhuber ein Arschloch nennt?« fragt Franz Schönhuber (ein deutscher Republikaner mit echt rechtem Willen zur Staatsgewalt) in einem SPIEGEL-Interview (20.10.1986). Warum regt sich keiner mehr auf?

Weil es sich nicht mehr richtig lohnt, sich über Strauß aufzuregen – das ist die infernalische Wahrheit. Strauß ist, zwar immer noch aktiv in allen Bereichen der Politik, hat jedoch seine alte Stänkerrolle verloren. Er wird mit Milde und Wohlwollen betrachtet. Und ist das nicht eine schlimmere Form des politischen Todes als jener, den jüngst der alte Urfeind des Genannten, als ihn Willy Brandt durch seinen vorzeitigen Rücktritt von der Parteispitze der SPD erfuhr? Ich meine »Ja«, denn Willy Brandt hatte stets die sozialistische Vorstellung einer harmonischen Volksgemeinschaft als Leitbild seiner Politik vor Augen, und Strauß wußte es besser, daß Politik ein Kampf bis aufs Messer ist. So sind wir nun in das Arbeitsfeld politischer Nekrophilie vorgestoßen, und es ist also an der Zeit, sich mit einer weiteren Leiche zu beschäftigen.

Leichen aber findet, wer den Totengräbern nachgeht.

Ich sehe viele – geradezu im Takt – tätige Grabschaufler. Sie buddeln die Revolution ein. 1989 wird in Frankreich der 200. Jahrestag der Französischen Revolution gefeiert, und bis dahin muß so viel Gras über die Revolution wachsen, daß nur noch ein Grabstein übrigbleibt. Es kommt also heute darauf an, die Begräbnisse zu verändern.

Schwarze Politik, schon immer friedhofszugewandt, orientiert sich an Friederike Kempner, der schlesischen Dichterin, die Walter Benjamin eine Muse des Surrealismus nannte. Diese Poetin fürchtete, lebendig begraben zu werden, und hielt es deshalb für sinnvoll und notwendig, den scheinbar oder anscheinend Toten im Sarg einen Zug in die Hand zu geben, der zu einem Glöckchen führt, das man dann, wenn man schon bei lebendem Leibe beerdigt wurde, läuten kann, um deutlich zu machen, man wolle herausgeholt werden. Hier findet Schwarze Politik eine überaus bestrickende Metapher: Schwarze Politik ist die Glocke in der Hand der lebendig begrabenen Revolution.

Natürlich mutete es furchtbar an, als im Jahre 1985 die Münchener Lach- und Schießgesellschaft ihr Programm »Jugend raus« mit dem Song »Wir brauchen eine Revolu-,

Revolu-, Revolution«, beendete, weil jeder weiß, daß der Aufruf zur Revolution im Kabarett ein Staatsbegräbnis ist. Aber man mag auch im Staatsbegräbnis die Lust auf das Begrabene noch zu spüren.

Wenn Europa die kommende Jahrtausendwende gegenüber Amerika und der Dritten Welt und der asiatischen Weisheit und Geschäftstüchtigkeit überstehen will, dann muß es die beste seiner je produzierten Ideen wieder aus dem Fundus holen. Und das war die Revolution. Die bürgerliche Revolution, die wir noch gar nicht richtig erlebt haben, die noch aussteht, die stets und immer wieder plump in Konterrevolution umgewandelt wurde. Ja, Freiheit und Gleichheit, sie werden Europas Banner schmükken. (Brüderlichkeit und Schwesterlichkeit kann man politisch nicht erzwingen, entlassen wir sie also aus dem revolutionären Programm der Staatsumwälzung.)

Freiheit und Gleichheit aber sind heute nicht nur nicht Wirklichkeit – sie werden gemordet und in ungeweihter Erde verscharrt. Schon Friedrich Schiller, dieser stets beleidigte Staatsdiener (»Ich muß meine Frau ernähren und darf gegenüber Goethe nicht gar so abstinken!«), schloß, wie heute Botho Strauß, nach heftiger Wallung für den Umsturz seinen Frieden mit allem, was da ist, weil es da ist. Deshalb schrieb er sich seinen eigenen Persilschein aus und nannte ihn: »Das Lied von der Glocke«, in dem es heißt: »Freiheit und Gleichheit hört man schallen, der ruhige Bürger greift zur Wehr, die Straßen füllen sich, die Hallen, und Würgerbanden ziehn umher. ... Da werden Weiber zu Hyänen und treiben mit Entsetzen Scherz, noch zuckend, mit des Panthers Zähnen, zerreißen sie des Feindes Herz.«

Diesen unbändigen Trieb zur Staatsherrlichkeit finden wir heute besonders bei französischen Werbetextern wie André Glucksman und anderen Mitgliedern der poststrukturalistischen Militärseelsorge.

Kurz: Die Frage ist erlaubt, ob der Erbfeind nicht schon wieder breitärschig in Frankreich herumhockt. Und da wir die Idee der Revolution gegen die ehemaligen revolutionären Linken in Frankreich neu beleben wollen, empfiehlt es sich, den Gedanken des Krieges, den diese Clausewitzfiguren in ihren Kanonenschädeln erhitzen, aufzugreifen. Der Schwindel der Militanz richte sich gegen Frankreich: Statt einen Weltkrieg gegen die Sowjetunion vorzubereiten, sollten wir den französischen Totengräbern der autonomen Vernunft den Krieg erklären, den ehemals Linken und heute staatsfromm Verdummten. Wir mobilisieren eine Armee westdeutscher Sozialwissenschaftler unter der Leitung des Frankfurter Instituts für Sozialforschung. Diese Heeresmacht wird den welschen Zeitgeist zwingen, die Werke von Ernst Jünger und Martin Heidegger auf Deutsch auswendig zu lernen.

Das Unternehmen »Völkerverständigung« möge beginnen und gelingen.

2. Weltuntergang und Staatsuntertan

»Das Astralfeuer des Sonnenzirkels ist in der goldenen Zahl des Urions von dem Sternbild des Planetensystems in das Universum der Parallaxe mittelst des Fixstern-Quadranten in die Ellipse der Ekliptik geraten; folglich muß durch die Diagonale der Approximation der perpendikulären Zirkeln der nächste Komet die Welt zusammenstoßen. Diese Berechnung ist so klar wie Schuhwix. Freilich hat nicht jeder die Wissenschaft so im klein' Finger als wie ich; aber auch der minder Gebildete kann alle Tag' Sachen genug bemerken, welche deutlich beweisen, daß die Welt nicht mehr lang steht. Kurzum, oben und unten sieht man, es geht rein auf'n Untergang los.«

Johann Nestroy – Schustergesell Knieriem in
»Der böse Geist Lumpazivagabundus«.

Wer lebte nicht gerne in einer großen Zeit der Wende, in einer Schwellenzeit, in einer Epoche also, der entsprechend große, treffende Schlagworte angemessen sind in apokalyptischer und Einmaligkeit heischender Weise? Der von vielen Seiten aus ernsthaft prophezeite Weltuntergang stößt auf große seelische Bereitschaft. Man empfindet Lust am Untergang. Doch wie sich der seit Jahren vorausgesagte Zusammenbruch des Kapitalismus noch immer ein wenig verzögert, so auch der endgültige Weltuntergang. Die Lust am Untergang zerfließt zur endlosen

Vorlust. Petting statt Pershing ist die Realität der unbefriedigt bleibenden Sexualitäts- und Sozialismushoffnungen.

Konservative Kulturbeobachter stellen fest, daß die Weltuntergangsphantasien mehr Humanität besitzen als die Weltverbesserungsträume. Wer vom Ende der Welt überzeugt ist, pflanzt vielleicht noch ein Apfelbäumchen, aber er ist zu müde, um an Umsturz und Revolution zu denken. Weltuntergang motiviert zur friedlichen Abendstimmung. Daß bei sinkender Sonne manch einsam Verzweifelnder sich aufhängt, stimmt melancholisch.

Der selbstmitleidige Beobachter empfindet, daß in dieser Welt so allerlei nicht in Ordnung ist und dieses schwere Nicht-in-Ordnung-Sein unabänderlich auf ein notwendiges Ende zusteuert, ja zusteuern muß. Dieser Fatalismus ist ein Produkt linker politischer Kultur. Was haben wir gewarnt vor Faschismus, Weltkrieg und massenhaftem Atomtod – aber subito. Die Geschichte unserer Kassandra-Rufe könnte inzwischen als Sammlung unzähliger Kalauer auf Toilettenwänden belächelt werden, hätten glücklicherweise die Wirte nicht ein gnädiges Gemüt und ließen diese Wände nicht so oft weißen, daß unsere Schande nicht mehr zu lesen ist. 1983 sollte auf die Stationierung der Pershing-Raketen unmittelbar der Dritte Weltkrieg folgen, 1984 sollte im Orwell-Jahr der gläserne Staatsbürger eingeführt werden, 1985 trat Kanzler Kohl mit Präsident Reagan auf dem Waffen-SS-Friedhof in Bitburg aus dem Schatten Hitlers, damit nie wieder über den Nationalsozialismus öffentlich gestritten werden sollte, 1986 explodierte das Atomkraftwerk in Tschernobyl, und die Menschheit mußte sich dem Cäsium und dem Strontium beugen, 1987 fegt Aids durch die Welt, 1988 hat der Weltuntergang einen neuen Mantel an, und wir verneigen uns vor seiner Stärke. Denn Weltuntergang ist die Moderichtung des zwanzigsten Jahrhunderts. Vor lauter Weltuntergang seh' ich den Untergang einzelner Menschen nicht mehr und fühle mich wohl darin, wenigstens am Ende der Welt teilzunehmen, wenn ich schon nicht am Anfang dabei war.

Die Weltuntergangsphantasie ist also der bescheidene Versuch, dem nicht mehr vorhandenen Gott seine Schöpfung kaputtzumachen. Wer sich allerdings mit Gott anlegt, sollte etwas mehr Würde beweisen. Denn der Mensch wächst mit seinen Feinden. So erklärt sich auch die erneute Wiederkehr gepflegter Satanskulte. Die kulturelle Zeitstimmung unterscheidet zwischen Weltbewahrung (göttlich) und Weltzerstörung (teuflisch). Dazwischen ist der poesielose Raum des Alltags, der von Zufriedenheit oder Unzufriedenheit geprägt ist. Doch wir sehnen uns nach der politischen und sexuellen Vereinigung von Gott und Satan, nach dem Orgasmus von Weltuntergang und Neuschöpfung.

Bis es dazu kommt, laßt uns noch ein wenig kosmisch flirten und träumen. Idylle und Katastrophe erkennen sich in der Dunkelheit, und die Revolution verzichtet auf die Bahnsteigkarte und den Gummischutz, und in verräucherten Jazzkellern wird der Feierabend mit dem Weltuntergangsblues bekanntgegeben.

Die Realität spielt dabei nicht mit. Es vermehren sich die Kassandras. So stellen wir uns unerschocken die Frage: Ja, wo leben wir denn? Heute ist schon vorbei, und morgen kommt nicht mehr wieder. Wir leben im Herbst der Neuzeit.

Bei diesem Szenario liegt es nahe, sich Gedanken unvoreingenommen zu nähern, die in konservativen Kreisen zum Thema Weltbewahrung erarbeitet werden. Ein Vertreter der konservativen Kulturrevolution, Gerd-Klaus Kaltenbrunner, mahnte schon 1973:

»Wir müssen Abschied nehmen nicht nur von gewissen

nationalen und lokalen Traditionen, Normen und Leitbildern, sondern höchstwahrscheinlich von der gesamten bisherigen Geschichte, wie sie uns seit der Entstehung der ersten Großreiche vertraut ist. Wir werden darauf verzichten müssen, im bisherigen Sinne ›Geschichte zu machen‹, wenn wir den Fortbestand unserer Gattung sichern wollen. Das bedeutet, daß der Konservative eine beträchtliche Reihe eigener Traditionen und Tugenden neu bewerten muß. Gemäß der Forderung von William James und Eugen Rosenstock-Huessy steht er wie nie zuvor der Aufgabe gegenüber, einen ›moralischen Ersatz für den Krieg‹ zu finden (welches Äquivalent etwas ganz anderes ist als ein abstrakt-sentimentaler Pazifismus).«
(Gerd-Klaus Kaltenbrunner, Wege der Weltbewahrung, Asendorf 1985)

Kaltenbrunner, der sich auf denselben Rosenstock-Huessy bezieht, von dem auch der linke Sozialdemokrat Peter Glotz laut einem Aufsatz im Februar-Heft 1987 der »Neuen Gesellschaft« seine Europa-Gedanken herleitet, hat recht: Der demonstrierende Pazifismus, die bekannte westdeutsche Friedensbewegung, ist mehr noch als die Rüstungsindustrie der Faszination des Krieges verfallen. Die Plakate zeigen am liebsten fürchterliche Waffen, und wer auf einer Veranstaltung friedensfreundlicher Kräfte einmal mitbekommen hat, wie die Redner und Rednerinnen apfelrote Bäckchen bekommen beim Entfalten der Horrorvisionen eines atomar geführten Weltkrieges, der weiß, wo Kriegsgeilheit heute in ihrer dumpfesten Form dialektisch aufgehoben ist: bei der pazifistischen Front gegen die Verkörperung des Bösen in Form militärischer Weltverschwörung. Wer lange genug gegen den Tiger kämpft, wird eben selbst zum Tiger.

Wenden wir uns also bei der Suche nach einem moralischen Ersatz für den alles vernichtenden Krieg der Innenpolitik zu. Hier ist ein weiteres Feld vorhanden für Machtkampf und Selbstfindung durch aggressiven Wettbewerb. Spielen wir kurz den Gedanken der Revolution durch.

Ist es nicht die Lage der Nation, daß das Volk unzufrieden ist wie selten zuvor? Und niemand ist da, mit diesen ärgerlichen Massen und Klassen massenhaft Klassenkampf zu machen?

Doch halt! Klassenkampf? Wer würde denn heute gegen wen kämpfen? Das Proletariat gegen die Bourgeoisie? Die Menschen gegen die Schweine, die da unten gegen die da oben? Aber wo ist die Bourgeoisie, was ist denn heute noch Großbürgertum, wo sind Junker und Schlotbarone? Was ist eine herrschende Klasse?

Der Arbeitsminister Norbert Blüm als Vertreter des Adels, den an die Laterne zu hängen vornehmste Pflicht der Revolutionäre ist? Klassenkampf ist schön und gut, doch welchen Kampf sollen wir führen, wenn uns die Klassen fehlen?

Wir sitzen in der Arena des unvollendeten Projektes moderner Revolutionen und warten auf die Stars, die revolutionären und konterrevolutionären Subjekte. Doch niemand läuft ein. Ein treffliches Bild der lauen Gegenwart: Wartezeit und leeres Spielfeld. Die Menschen von heute werden nicht nur von den jeweils Regierenden betrogen, sondern auch von den eigenen festlichen Befreiungssehnsüchten.

Die Pläne der klassischen Linken sind prinzipieller Hoffnung nicht mehr wert, aber auch der Konservatismus steht betroffen vor seinem leeren Werte-Safe. Unser großer deutscher Untergangsmetaphysiker von rechts, Oswald Spengler, erkannte Anfang 1933 die universale Vernichtungskraft des Nationalsozialismus ebenso klar wie die Kommunisten: Dagegen beschwor er das rechte politische Ideal, nur durch lebendiges Vorbild und sittliche Selbstdisziplin eines befehlenden Standes, nicht durch viel Worte oder durch Zwang sei Deutschlands Zukunft zu retten.

Der »befehlende Stand«, die »politische Klasse« (Ralph Dahrendorf in Merkur 1/1987, Hans Magnus Enzensberger in DER SPIEGEL 4/1987) – das sind die Begriffe für einen in allen Lagern empfundenen Mangel.

Wenn wir nicht wissen, wie es oben aussieht, sollten wir den Blick zunächst nach unten richten. Hier haben wir den komplementären Faktor der fehlenden politischen Elite. Das Volk ist größenwahnsinnig. Die Leute glauben, sie stünden auf einer Stufe mit den Regierenden.

Kurz: Den Deutschen fehlt die Untertanenmentalität, eine demokratische Untertanenmentalität als Ausdruck politischen Realismus.

Gemeint ist das Wissen darum, daß auch in der Demokratie die Staatsangehörigen Untertanen der Obrigkeit sind. Untertanenmentalität bedeutet heute nicht, sich untertänig vor der politischen Macht zu verbeugen. Untertanenmentalität verfällt nur nicht in den Irrtum, zwischen Regierenden und Regierten gebe es keinen wesentlichen Unterschied mehr. Jeder könne Kanzler werden. Dies aber ist die große republikanische Lüge, die in Personen wie dir & mir den Anschein erweckt, als sei der kleine Mann von nebenan Regierungs-Chef.

Die scheinbare Nähe zur politischen Macht läßt das Volk als eine Ansammlung von Kumpels und Nachbarn auftreten, es meint, wir sitzen alle im gleichen Boot der Staatsgeschäfte. Der Staat ist gar ein Traumschiff und der Kapitän sehr leutselig; er lädt schon mal die Oma auf die Kommandobrücke ein und sitzt abends mit den Passagieren in einem Raum beim Essen. Das ZDF-»Traumschiff« ist die hoffnungsfrohe Metapher für einen gemütlichen Freizeitstaat, in dem es nur noch kleine Leute gibt.

Doch die Politik ist in Wahrheit nicht Fernsehunterhaltung, sondern ein normaler Beruf in der Wirtschaftsgesellschaft. Sieht man das Volk als Belegschaft des Großbetriebs Staat, so ist der Politiker Teil des Managments. Er ist Vorgesetzter, und die Volksindividuen sind Untergebene. Es handelt sich um Gewaltverhältnis, weshalb mit Recht gesagt werden muß, daß Gewalt stets ein Mittel der Politik ist.

Im wirtschaftlichen Bereich spricht man, soll das wirkliche Herrschaftsgeschehen verschleiert werden, von Mitarbeitern; im politischen Bereich ist die Rede vom »mündigen Bürger«, vom »Staatsbürger«. Solches Gerede hat den Sinn, den Anspruch auf politische und ökonomische Selbstbestimmung dadurch zu zerstören, daß er sprachlich als schon eingelöst behauptet wird.

Der Staatsbürger kann sich in dem Glauben wiegen, kein Untertan mehr zu sein. Um so gemütlicher läßt es sich dann im Untertanenstatus einrichten, auf dem Namensschild ist ja eine ganz andere politische Klassenzugehörigkeit beglaubigt: Erika Mustermann, staatlich anerkannte Staatsbürgerin.

Natürlich wissen alle Beteiligten in gewisser Weise um das Spiel, nur leben alle auf dem Boden der okzidentalen Werteordnung – und da gehört fast schon Mut dazu, sich offen zu der Tatsache zu bekennen, daß man nur Untertan ist, eine politisch nahezu unbedeutende Informationsquantität im Schaltkreis der Staatsgeschäfte.

Nach dem Eingeständnis, Objekt politischer Administration zu sein, nach der Erkenntnis, daß das demokratische Ideal der souveränen Staatsteilnahme aller noch lange nicht verwirklicht ist, und eingedenk des Willens zu politischer Täter- und Untäterschaft, wenden wir uns unseren Vorgesetzten zu.

Politik ist also ein Beruf in der industriellen Arbeitsgesellschaft wie in der nachmodernen Informationsgesellschaft. Hört man sich bei den in der Politik Tätigen um, so erfährt man vom Fortschritt der Automation auch in diesem sensiblen Bereich. Der Siegeszug des Computers, der elektronischen Apparate in den Ministerien und Ämtern ist offensichtlich triumphal. Untertan und Untertanin wissen, daß sie in erster Linie von Maschinen regiert und verwaltet werden.

Es kann sich nämlich im Sektor Politik grundsätzlich gar nicht mehr um Menschen handeln. So hat Johannes Rau (SPD) in seiner berühmten Wahlkampfauftaktanzeige im Januar 1986 unter der Überschrift »Aufruf – Johannes Rau: Den Anstand wahren« schreiben können: »Die Politik muß wieder näher zu den Menschen. Das ist Ihr gutes Recht.« Dieses »muß wieder näher« ist also mein gutes Recht. Ich verlange daher, daß der Abstand zwischen Menschen und Politik durch Wiedervermenschlichung des Politikers, Rehumanisierung der Regierung verringert werde. Die politischen Apparate müssen durch Menschen ersetzt werden, die kybernetischen Prozesse der Politik durch den natürlichen Stoffwechsel des homo politicus. Wer aber sollte das tun? Der Ministerpräsident von Nordrhein-Westfalen denkt in der genannten Anzeige weiter:

»Die notwendige Erneuerung kommt nicht aus Bonn. Sie kann nur von Ihnen, von uns gemeinsam kommen. Ihr Johannes Rau.«

Um erneuern zu können, muß ich herausbekommen, wo und wer die Maschinen sind, die es zu ersetzen gilt. Gehört etwa Herr Rau auch dazu? Dann kann ich nicht mit ihm gemeinsam zur Erneuerung schreiten.

Was unterscheidet also den Menschen von der Maschine? Das ist die entscheidende Frage der politischen Erneuerung (Revolution) in den nächsten Jahren. Es muß erlaubt sein, Fragen zu stellen, die die Politik so weit entsachlichen, daß sie zum humanen Kern – wenn es ihn gibt – vorstoßen. Gerade in einer Gesellschaft, die so viele alte Sicherheiten über Bord werfen muß, kann es keine unerlaubten, keine dummen Fragen geben. Fragerecht ist Lebensrecht, denn es steht nirgendwo geschrieben, wie man ohne Fragen zu Antworten kommt. So ist die Frage, ob es Sachbeschädigung sei, unseren Bundeskanzler mit einem Wasserwerfer platt zu machen, sicher mit »Nein« zu beantworten, dennoch darf, muß diese Frage gestellt werden, weil die Antwort uns zeigt, daß Helmut Kohl eben ein Mensch und kein Rädchen im Getriebe ist.

Sollte man Heiner Geißler am Sack aufhängen, damit er nicht mehr gegen die Linke hetzt und tobt? Eine schöne Frage auch dies, sie ruft sofort reiche Assoziationen hervor, ist aber, den gegenwärtigen politischen Umständen entsprechend, ein wenig brutal. Aber freiheitlich demokratische Grundordnung ist nun einmal die Freiheit der anders Fragenden, oder wie sonst?

Darf man sagen, daß Jochen Vogel, der neue Zuchtmeister der SPD, auch ein Gradmesser der Barbarei ist, auf die wir uns hinbewegen? Sollte sich die SPD nicht umbenennen in SBZ, Sozialistisches Büro der Zombies?

Neulich hörte ich die Frage, ob das denn alles so weitergehen könne. Natürlich war allen Beteiligten – sie saßen auf einer langen Bank in der Apfelweinwirtschaft »Germania« im Frankfurter Stadtteil Sachsenhausen –, natürlich war ihnen klar, daß es genau so und nicht anders weitergeht, aber ihr Unwille, sich einfach nur zustimmend zur schrecklichen Wirklichkeit zu verhalten, bekräftigte sie gemeinschaftlich darin, empört immer wieder und wieder zu fragen, ob das denn gutgehen könne, so wie es gerade sei. Und sie gaben sich auch die Antwort, daß das nicht gutgehen werde. So erfuhr ich an diesem Tisch das gleiche wie aus vielen linken politischen Zeitschriften: Wahrscheinlich gibt es keine Revolution, aber mit den Verhältnissen, wie sie so sind, steht es ganz sicher nicht zum Besten.

Also müssen doch Fragen erlaubt sein, Fragen, die nach Veränderung im Rahmen der bestehenden Ordnung drängen.

Fragen wie: Sollte man den Papst transsexualisieren, damit er zum Fachmann für Mutterschutzfragen werden kann? Oder ist es nicht endlich gerechtfertigt, den Dritten Weltkrieg zu beginnen?

Eine der erwägenswertesten Fragen wäre gewiß: Sollte man in der Politik neben der Geschlechterquotierung nicht besser noch einen Vorbestraften-Bonus einführen? Danach dürften nur der Mann und nur die Frau, die vorbestraft sind, Berufspolitiker oder Berufspolitikerin werden. Denn der Mensch unterscheidet sich von der Sache dadurch, daß er schuldig werden kann. In einer Welt ohne gemeinsame Religion aller der am öffentlichen Leben Beteiligten kann nur noch den Strafrichtern die Legitimation zuerkannt werden, jemanden schuldig zu sprechen. Ein Vorbestrafter also hat den unschätzbaren Vorteil, von einem deutschen Gericht den Menschheitsnachweis erteilt bekommen zu haben. Ja, mehr noch. Hegel schrieb einmal, in der Bestrafung des Verbrechers ehre die Gesellschaft das Vernünftige im Menschen, der da abweichend gehandelt hat. Und wie froh könnten wir sein, hätten wir vernünftige Menschen in der Politik statt Maschinen und geistesschwacher Pflegefälle, die nur wegen offensichtlicher Idiotie und absoluter Charakterfreiheit als total entmenschlichte Kleiderständer nicht zur persönlichen Verantwortung gezogen werden können. Auch die Humanisierung der Arbeitswelt erfordert es, daß Politiker, bevor sie ein Amt erhalten, wenigstens einmal im Leben das Risiko eingegangen sind, vor einem zum finalen Todesschuß bereiten Polizeibeamten zu stehen.

Nur wer auf einem Polizeirevier zusammengeschlagen wurde, in einer Stammheimer Isolationszelle unhörbare Musik erlauschte in den Monaten seiner politischen Ausbildungszeit, nur wer vor einem deutschen Gericht wegen des Verdachtes der Bildung einer kriminellen Vereinigung stand und nur wer ein Jahr lang von Sozialhilfe leben durfte, die er immer wieder erneut beim Sozialamt zu beantragen und zu begründen hatte, nur wem Beamte mal in die Eier oder in den Bauch traten, nur solch ein Mensch weiß, was das Gewaltmonopol des Staates ist, und nur solch ein Mensch ist also in der Lage, demokratischer Politiker zu sein, der den Abstand zwischen Mensch und Politik wieder enger macht.

Den »Anstand wahren« bedeutet also, nur noch Kriminelle als Berufspolitiker zuzulassen. Damit wäre endlich dem rechtsstaatlichen Grundsatz der Berechenbarkeit der Politik Genüge getan. Korruptionsprozesse und andere Peinlichkeiten könnten eingestellt werden, und die humanisierte Politik würde sich wieder ihrem eigentlichen Ziel zuwenden: der Aufrechterhaltung des bewußten Spannungsverhältnisses zwischen Staatsmachthabern und Untertanen.

3. Entertainment und Gottesdienst

»Herrgott, laß uns die Grenzen wissen, wie weit man mit den Mitteln der modernen Technik gehen kann! Wir wollen Dein Mysterium nicht auf dem Markte profanieren. Aber wir können nicht zulassen, daß die Straßen und Gassen allein das Terrain des Satans sind, wo er seine Orgien feiert. Die Kinder dieser Welt sollen nicht klüger sein als wir. Gib uns Deinen Heiligen Geist, daß wir erfinderisch sind, wenn es darum geht, den modernen gehetzten Menschen mit Deiner Botschaft anzusprechen.«

Pater Leppich – Christus auf der Reeperbahn – Düsseldorf 1956.

Die politischen Bewegungen finden wieder im religiösen Raum statt, die Welt ist eine Kirche, ein Götter- und Göttinnenhaus, das Gute und das Böse haben sich zu universalen, regionalen und lokalen Freund- und Feindbastionen ontologisch verfestigt, so daß nur ein Endkampf, ein großer Showdown denkbar ist, das letzte Gefecht um den Endsieg, der diese Spannung einmal wird auflösen können. Nach uns die Harmonie.

In der Politik werden nicht Lösungen gesucht, sondern vertrauensbildende Maßnahmen vollstreckt. Die Politiker aller Parteien treten uns nicht als Schauspieler entgegen, sie quälen uns als Prediger und Verkünder einer jeweils parteigebundenen Moral. Politik ist nicht Showgeschäft, ist nicht Entertainment – dies ist nur ihr schöner Schein –, Politik ist wieder Glaubenskrieg. Priester der Lebensfreude durch Marktwirtschaft strahlen Optimismus aus, und die Jünger des Kampfes um Erfolg treten fit und sauber neben die Propheten des Untergangs und des berechtigten Weltschmerzes.

Das politische Leben ist die Wirklichkeit zum Film, der Film spielt im Mittelalter und heißt »Der Name der Rose«. Und so ist es nur konsequent, daß Gotteslästerung wieder strafbar sein soll. Und mit Freude betrachten christliche Fundamentalisten, daß Aids wie einst als Geisel Gottes die biblischen Gesetze wieder zu weltlichen Vorschriften für ein richtiges Leben werden läßt. Politik, von der eigenen Hilflosigkeit gegenüber allen drohenden Gefahren der menschlichen Selbstvernichtung fast schon selbst überzeugt, sucht einen transzendenten Punkt der eigenen Sinnstiftung. Es gilt die alte Faustregel: Wer nicht weiß, wie's weitergeht, dem hilft die Religiosität. Die heutige politische Landschaft ist geprägt vom seelischen Fanatismus und allgemeiner Feindverteufelung. Das Gute wird gehandelt als Waffe im gesellschaftlichen Machtkampf, der Boden ist also bereitet für ein totalitäres Regime.

Die FAZ hat es frühzeitig schon bemerkt, daß dergestalt totalitär empfunden wird, daß es aber der altböse Feind ist, der sich da zusammenrottet.

Schon 1985 veröffentlicht »g.n.« auf der Titelseite unter der Überschrift »Spekulation des Terrors« sein Erschrekken über den Irrationalismus deutscher Terrorattentäter: »Ein vernünftiger Mensch kann sich kaum vorstellen, wie verrückt sich die Welt in den Köpfen von Terroristen abbilden kann, bis hin zu der Vorstellung, die Übel der Welt hätten ein einziges Zentrum, den ›Imperialismus‹, und dieser werde von den Amerikanern verkörpert.« (FAZ 15.8.1985)

Doch diese Sicht der Dinge, die Übel der Welt hätten ein einziges Zentrum, ist beispielsweise dem amerikanischen Präsidenten Ronald Reagan nicht unbekannt, hat er doch früher selbst oft darauf hingewiesen, daß im Kreml das Böse an sich zu Hause sei. Seit er allerdings als Friedenspräsident in die Geschichte eingehen will, verwendet Reagan solche Bilder nicht mehr.

Kritische Kulturbetrachter werfen Ronald Reagan weniger diese Ausflüge in den Gottesdienst vor als vielmehr die Tatsache, daß er einmal Schauspieler war. Daran zeige sich, wie heruntergekommen die Staatlichkeit sei. Statt ernsthafter Politik werde Entertainment betrieben. Der Politiker als Schauspieler entweiht für diese Imagepfleger des Politischen den Beruf des Politikers, entzaubert den Staatsmann.

Es wäre schön, wäre Politik Showgeschäft und damit die Unterhaltung besser, die sie uns liefern, die Regierenden. Aber so etwas wollen diese ja gar nicht.

Ronald Reagan ist in Wirklichkeit kein B-Film-Star, er ist ein Missionar. Dream the american dream, das ist seine Botschaft, und das ist seine Drohung.

Er hatte seinerzeit Erfolg damit (heute lobenswerterweise nicht mehr), die Konfrontation mit der Sowjetunion als »Harmagedon« zu bezeichnen. Damit war der Ort aus der Apokalypse des Johannes zitiert, an dem ein Endkampf der Fürsten dieser Welt vor dem Thron Gottes stattfinden soll. Reagan belegte mit seiner darauf begründeten Aufrüstungspolitik, daß nicht die ballernden Cowboys gefährlich sind, sondern die Ersatzpäpste, die für Glaubensfragen bereit sind, über Leichen zu gehen.

Nun hat der amerikanische Präsident diese Metapher nicht als erster verwendet. Der englische Labour-Party-Theoretiker Harold J. Laski, ein Linker also, hat mit dem gleichen Bild den Kampf gegen den Nationalsozialismus begründen wollen, den deutschen Faschismus also vom Standpunkt der politischen Theologie gesehen. In seinem während des Zweiten Weltkriegs geschriebenen Buch »Faith, Reason and Civilisation« (Religion – Vernunft und neuer Glaube, Berlin 1949) heißt es:

»In den Zwischenkriegsjahren, besonders in den Jahren nach der Machtergreifung Hitlers, mußte es jedem aufmerksamen Beobachter klar werden, daß wir mit Feindseligkeiten riesigen Ausmaßes einem neuen Harmagedon zusteuerten.«

Das Dilemma der religiösen Weltbetrachtung wird im Nachkriegsdeutschland offenbar. Die Verteufelung Hitlers führt zur Entschuldigung des deutschen Volkes. Der Nationalsozialismus ist über Deutschland gekommen, wie es die Macht des Bösen zu tun pflegt, im Gewand der Lüge und der Gewalt. »Die dunkelste Epoche deutscher Geschichte«, von der heute auch gern wieder weihevoll gesprochen wird, war eben ein Harmagedon, ein geradezu biblisches Ereignis. Was sollten wir kleinen Sünder, die wir nun mal sind vor den Augen des Herrn, schon ausrichten, wenn Gott und Satan miteinander ringen? Die politische Theologie hat sich als Legitimationsstrategie selbstverschuldeter politischer Verbrechen entpuppt. Satan wird hervorgeholt, damit die deutsche Geschichte als Ganzes wieder akzeptabel ist.

Satan hat nach 1945 gleichsam das Braunhemd ausgezogen und versucht nunmehr die Welt mit rotem Stern und roter Fahne. Die Politik der 50er Jahre war ein einziger Gottesdienst, in dem die Gemeinde (das Staatsvolk) aus versteckter Schuld und offenem Haß gemeinsam gegen den Kommunismus betete.

Unter dem wuchtigen Titel »Freiheit oder Sklaverei« schrieb Rudolf Pechel damals in einem Sammelband, der das Volk aus seiner politischen Lethargie wecken sollte, die aufmunternden und gleichzeitig drohenden Worte:

»Aber wir wollen dem Kommunismus nicht Unrecht

tun. Wir sprechen hier nicht von dem Kommunismus der frühchristlichen Gemeinden, von kommunistischen Theorien und Versuchen reiner Idealisten. Sondern von dem bolschewistischen Lenin-Stalinismus, der für überzeugte, ehrliche Kommunisten ein Verrat an der Menschheitsidee des reinen Kommunismus bedeutet.

Niemand kann weiter davon entfernt sein als ich, den Westen als den Träger des Lichtes oder gar als den Gottesstaat anzuerkennen, in dem die lautere Wahrheit ihren Platz hätte. Ich weiß, daß auch die westlichen Demokratien durchweg machtbewußte, rein weltliche Staaten sind, und daß auch im Westen die Menschen, die ihr Leben ohne Gott und gegen Gottes Gebote führen, die Mehrheit bilden. Aber im Westen können die Kirchen, können die Christen für Gott und Christus kämpfen und laut und unbehindert seine Botschaft verkünden. So lautet der Gegensatz nicht: Kapitalismus und Kommunismus, sondern: niedrigste Knechtschaft und Freiheit.

Trotz der furchtbaren Lehre, die uns erteilt ist, wird wiederum ein Kompromiß gesucht, wo es keinen Kompromiß geben kann, weil auf der Gegenseite jeder Wille dazu fehlt und es sich um Inkompatibilitäten handelt, und ein Kompromiß nicht sein darf aus letzter Verantwortung gegenüber Gott und dem eigenen Gewissen. So formuliert sich der Gegensatz zu seiner letzten Steigerung: Gott oder Satan. Für den Menschen von Verantwortung darf die Option nicht schwer sein: es ist ein klares, unbedingtes Nein zu sagen.« (in: Politik? ... aber ohne mich – Kevelaer 1952)

O ja, sagen wir Nein zu Satan.

Doch bevor wir uns auf die Suche nach Satan auf dem Felde des Politischen begeben, also die wesentliche theologische Unterscheidung zwischen Gut und Böse ins Visier nehmen, sei noch ein kleiner Ausflug ins wirkliche Showgeschäft gestattet. Der Bereich, der sich mit dem Verhältnis von Politik und Entertainment hier traditionell am intensivsten beschäftigt, ist das Kabarett. Und was sehen wir hier? Not und Krise wie überall.

Der Kabarettist Dieter Thomas beispielsweise weist immer wieder auf die Furchtbarkeit seines Berufes hin, ja, er behauptet, sich von Politikern verfolgt zu fühlen. Im Volke heiße es allenthalben, die größten Komiker säßen in Bonn, und überall, wo der moderne Kabarettist hinkomme, höre er, die anderen, die Politiker, seien schon dagewesen.

Bereits 1984 hatte der sozialliberale »Club Voltaire« in Frankfurt am Main gegen die Bundesregierung unter Helmut Kohl das kämpferische Motto ausgegeben: »Das Kabarett ist tot, es lebe die Regierung.« Und nach der Bundestagswahl 1987 notierte Uwe Schmitt in der FAZ vom 4. Februar 1987, daß Franz Josef Strauß in der Sendung nach der Wahl, in der der Ministerpräsident volltrunken und sehr witzig geschimpft hatte, als großer Satiriker »neue Maßstäbe für das deutsche Kabarett« gesetzt habe.

Wenn man die Politik nicht mehr verstehen will, erklärt man alles für Theater, und wenn man die Politik genießen will, weil man keine Lust hat, die Anstrengungen des Veränderns auf sich zu nehmen, dann ernennt man die Politiker zu Spaßmachern und hat seine kleine Freude daran. Mit dem gleichen Recht hat das deutsche Volk vor vielen Jahren Adolf Hitler zum Vortragskünstler erklärt und sich um den Rest nicht geschert. So wandelt sich der Zeitgeist, Politik wird mal als Gottesdienst, mal als Tragödie, mal als Kabarett empfunden. Gleich bleibt nur, daß Politik eine Vorstellung ist, die dem Publikum gegeben wird, damit es darauf reagiert. So leben wir also in reaktionären Zeiten, weil das Reaktionäre mit dem Einverständnis des Publikums geschieht.

Nach dieser endgültigen Feststellung, daß wieder einmal das Volk an seinem Elend selber schuld ist, schauen wir, wie das zeitgenössische Kabarett sich im Spannungsfeld zwischen Entertainment und Gottesdienst verhält.

Anläßlich der vergangenen und von der Linken verlorenen Bundestagswahl 1987 war viel vom konservativen Durchmarsch die Rede. Christlicher Fundamentalismus legt sich wie ein Schleier übers Land, und von Rudi Carells Fernsehsatire, die mit Reizwäsche werfende islamische Frauen montiert hatte, ist der orientalische Verwandte, der Muslim-Fundamentalismus beleidigt. Es stehen religiöse Rekonstruktionsperioden am Horizont. Diese Schau des gegenwärtigen Kulturwesens kann jedoch leicht auch zu falschen Schlüssen führen. Das sind doch wieder treffliche Zeiten fürs Kabarett, so hört man bisweilen, die Feinde sind wieder eindeutig.

Nur scheinbar! Denn die Emanzipation des politischen Kabaretts von einer »mehr Gerechtigkeit« einklagenden Kleinkunst und seine Entwicklung zum nachbürgerlichen Volkstheater werden mit solchen Einschätzungen wieder rückgängig gemacht – und zwar mit dem Anspruch, Kabarett solle den Herrschenden auf die öffentliche Hand klopfen, den Klassenfeind herausfinden und seine Untaten anprangern.

Diese Spezies politischen Kabaretts aber ist höchst gefährlich und sollte aufs entschiedenste bekämpft werden. Warum? Der Witz, sagt Adorno, setzt widerspruchslos den ins Unrecht, über den er ergeht. Wer ausgelacht wird, heißt das, ist schon verurteilt, der braucht sich nicht mehr zu entschuldigen. Er hat verloren.

Nach diesem Verständnis ist auch das konservative Kabarett organisiert. Hier werden im Schummerlicht des Amüsierbetriebes die politischen Machtverhältnisse auf den Kopf gestellt. Der Kabarettist wird zum Richter und verurteilt die Mächtigen zu zwei Stunden Lächerlichkeit ohne Bewährung. Daher rührt auch der Berufsstolz des Kabarettisten. Während seiner Vorstellung erhebt er sich aus der Lage der Ohnmacht und wird zum Machthaber.

Natürlich ist dies keine reale Politik, es ist Travestie. Der Kabarettist ist kein Machthaber, er ist Rechthaber. Kabarett wird so zur vergnüglichen Form eines moralisierenden Volksgerichtshofs. Das kritische Volksempfinden wird bedient, einverständliches Lachen stellt sich her.

Die Wirkung des Kabaretts besteht dann darin, daß im Publikum der Eindruck entsteht, denen da oben und auch denen da unten, die sich von denen da oben alles gefallen lassen, sei es mit Witz und Biß einmal richtig gegeben worden.

Nun weiß man aus Fernsehaufzeichnungen etwa der Münchener Lach- und Schießgesellschaft, daß häufig Politiker, also die Angriffsobjekte der Satire, sich im Raum befinden und bei den sie treffenden Witzen begeistert bis säuerlich in die Kamera lächeln. Handelt es sich dabei nun um Masochismus dieser Verwaltungsbeamten, oder beobachten wir hier ein geheimes Einverständnis? Wie zwischen Narr und Minister beim Mainzer Karneval?

Gewiß auch, aber es gibt noch einen schlimmeren Bezug zwischen konservativem Kabarett und Kapitalismus, zwischen Satire und bürgerlicher Welt. Sie haben beide ein gemeinsames Ziel: Die Illusion muß aufrechterhalten werden, es gebe eine bürgerliche Klasse, die die politische Macht ausübt.

Die FAZ fordert daher vom Kabarett »eine scharf gegen die Mächtigen polemisierende, auf die Macht des Wortes setzende«. Kunst (FAZ v. 10.7.1985). Es kommt auf das »Anstößige« an: »Satire in Wort und Bild, die diese Bezeichnung verdient, hat sich nie mit humoristischer Harmlosigkeit begnügt, im Gegenteil – das Lachen, das sie provoziert, muß einen revolutionären, wenigstens aufsässigen

Kern haben.« (FAZ v. 21.1.1987) Revolution ist also notwendig, sie gehört aber ins Kabarett. »Revolutionäre ohne ›Basis‹ sind gefährliche Kabarettisten, sie wurden von den Medien ernster genommen, als sie sich selbst je zu verstehen gewagt hatten.« (FAZ v. 10.9.1985)

Das Kabarett hat also die Aufgabe der integrierten Anstoßerregung. Und immer wieder erscheint den Autoren des Frankfurter Weltblatts ausgerechnet Dieter Hildebrandt als Vertreter des konservativen Kabaretts, wenn er auch auf das ihm zugewiesene Maß zurechtgestutzt wird, das darin besteht, daß »er im Vollbesitz seiner Ohnmacht auf den eigenen Wahrheiten sitzenbleibt«. (FAZ v. 27.12.1986)

Doch zum Glück, so listig ist wieder die Geschichte, wird hier der Falsche in den Mitbürgerstand erhoben. Am 14. Februar 1987 erläuterte Hildebrandt in einem Interview mit dem Südwestfunk (SWF III), warum Kabarett heute mehr Spaß mache als vor 30 Jahren. Damals sei diese Kleinkunst in eben kleinen Räumen etwas für eine privilegierte und finanziell gut ausgestattete Minderheit gewesen. Heute aber wird Kabarett häufig in Hallen veranstaltet, in die 1.000 Menschen kommen.

Kabarett ist hier nicht mehr konservative Salonvorstellung, es hat sich zum popkulturellen Flügel des Theaters entwickelt. Sein Thema ist nicht die verfallende bürgerliche Gesellschaft, sein Thema ist das, was danach kommt.

Ich wünschte, ein Bürger zu sein, so rief im 19. Jahrhundert der Historiker Theodor Mommsen dem geschichtlichen Phänomen der Décadence entgegen. Ich wünschte, ein Bürger zu sein, das ist die Parole des konservativen Kabarettisten.

Er ist beleidigter Idealist. Er hängt an der Utopie der bürgerlichen Gesellschaft. Und er steht an ihrem Rande, er ist nicht so richtig offiziell zugelassen. Das schärft seinen Blick. So holt er aus zum antibürgerlichen Schock, er provoziert per Anstößigkeit. »Der Abscheu vor dem Bürger ist bürgerlich«, schrieb Jules Renard am 10. April 1889 in sein Tagebuch.

Konservativer Kabarettist und konservativer Feuilletonist nähern sich in der Lust an der Travestie. Beide spielen Bürgertum, simulieren eine Klasse, wollen deren Ideale wiedererwecken. Sie produzieren eine fiktive Klasse, die sie »revolutionär« angreifen und durch Lächerlichkeit töten können. Eine tote Klasse, eine getötete, entfaltet dann unter dem Strich der Dialektik ein neues Leben. So hofft konservatives Kabarett, durch Arbeit an der Vergangenheit Zukunft zu gewinnen.

Das neue Kabarett aber, das sich dem Gebot eines authentischen Volkstheaters stellt, wird sich an die Gedanken Jean-Paul Sartres halten, die er 1950 in Anlehnung an Bert Brecht auf der deutschen Volksbühnentagung in der Frankfurter Paulskirche äußerte. Nicht Konflikte zwischen Personen solle das Theater behandeln, sondern allein Konflikte zwischen Rechten seien maßgebend. Überdies dürfe das Theater weder verteidigen, noch dürfe es Probleme lösen, es habe allein Fragen aufzuwerfen. So hat das neue schwarze Kabarett deutscher Zunge nicht zu wissen, wo es in der Debatte um das Gewaltmonopol des Staates lang geht, es hat danach zu fragen, welche Kulturnormen gelten und gelten sollen für die Durchsetzung demokratischer Rechte. Das Vorläufige Frankfurter Fronttheater hat einmal etwas vorläufig Programmatisches formuliert:

»Unser Kabarett pflegt Haß auf gute und Liebe zu den anderen Menschen, ist also antizyklische Sympathiewerbung. Da der Mensch an sich gut ist, muß er vom Kabarett zur Sau gemacht werden. Den Vorwurf der Menschenverachtung kann man nur mit der noch schärferen Gegenfrage kontern, wen man denn sonst verachten soll! Die Alpen etwa?

Doch nicht diese – denn der Fall der Welt ist gegenwärtig ihr Zerfall, was übrig bleibt ist Abfall. Abfallen aber ist kein Zustand, sondern eine Bewegung, ja sogar *die* Bewegung.« (tip 12/85)

Wenn Gott und das Zentralkomitee als die Hauptverwaltungsinstitutionen der Ewigen Wahrheit ausfallen und Moral erst in den Machtkämpfen für eine neue Gesellschaft entsteht, dann ist es Aufgabe des Kabaretts, alles, was neu entsteht, durch das Stahlgewitter der Satire zu jagen und nicht mehr das Alte durch larmoyante Kritik zurückzubeten. Das konservative Kabarett aber ist der Arzt am Totenbett der bürgerlichen Klasse.

4. Gut und Böse

»Hard Rock der britischen Band ›Saxon‹ versetzte eine Amerikanerin (32) aus Cleveland (Ohio) in einen solchen Blutrausch, daß sie ihren Sohn (11) mit einem Messer köpfte. Die Tochter (6) mußte den Kopf im Keller verstekken. Schuld seien die Vibrationen des Bösen, sagte die Mutter vor Gericht.«

BILD vom 31. März 1987.

Wenn in der Politik von gut und böse die Rede ist, dann geht es meist nicht um moralische Fragen, sondern um Symbole. Da es keine öffentlich geführte Debatte um eine neue Ethik gibt – Ansätze dafür mögen sich finden in den einzelnen sozialen Bewegungen –, fehlen die Begriffe für ein auf Einverständnis zielendes Verhalten. Und wo Begriffe fehlen, da stellt sich schnell ein Symbol ein. Der Rücktritt des Parteivorsitzenden der SPD, Willy Brandt, im Frühjahr 1987 wurde so auch schnell von seiner symbolischen Bedeutung her interpretiert. Nicht, was Brandt im einzelnen gemacht hat, sondern wofür er steht, das füllte die Gazetten.

Je unübersichtlicher die gesellschaftlichen Verhältnisse sind, um so mehr Bedürfnis nach Personalisierung entsteht. Die Person wird zum Symbol, und auch die politische Aktion lebt von ihrem Symbolgehalt. Wenn man sich im Winter vor eine Kaserne setzt und einen Waffentransport kurzzeitig verhindert, so ist dies wohl keine die militärische Schlagkraft sabotierende Handlung – aber sie symbolisiert den Widerstandswillen der guten Menschen gegen die bösen Waffen – in sibirischer Kälte. Und so ist es auch kein Wunder, daß sich die katholische Kirche wieder mit Personalisierung ihres Glaubensmaterials in die gegenwärtige politische Kultur einmischt. Der Heilige Geist ist wieder wer, das Marienjahr ist beschlossene Sache, die Gottesmutter ist als Gnadenmittlerin aktiv, und auch Satan geht wieder aufrechten Hauptes seiner Niedertracht nach. Der Teufel, so wiederholt es der Papst gern, ist nicht nur eine Idee, es gibt ihn wirklich. Wie gerne würde man darauf antworten, daß der Papst wahrscheinlich von so verruchter Schlechtigkeit und abgrundtiefer Menschenfeindlichkeit ist, daß er seine Boshaftigkeit nur dadurch sich zu erklären versucht, indem er einen Sündenbock für seine Schandtaten und perversen Phantasien produziert. Doch mit der einfachen Schmähung des Papstes ist es heute nicht mehr getan. Dieser Mann repräsentiert eine üble Entwicklung, er ist der Kanzeltäter der reaktionären Gegenaufklärung. Und er steht nicht allein. Satan ist nicht nur die Kultfigur kleiner Banden wie einst der Manson-Gang in den USA, Satan und auf der anderen Seite das göttliche Personal sind neue Symbolfiguren beiderseits der politischen Freund-Feind-Linie. Als der SPIEGEL Ende Dezember 1986 in einer Titelgeschichte über die Wiederkehr des Teufels schrieb, da antwortete Dr. Ernst M. Arndt aus Germering (Bayern) in einem Leserbrief: »Es gibt nicht nur einen Teufel, sondern viele Teufel auf dieser Welt. Einer von ihnen ist der SPIEGEL.«

Diese weltanschauliche Ethik macht den politischen Gegner oder Feind zum säkularen Sittlichkeitsverbrecher, der ausgegrenzt und vernichtet werden muß. Politik wird zur Supershow zwischen Gott und Teufel, dem im vorigen Kapitel erwähnten Harmagedon. Prinzip Leben wird gesetzt gegen Prinzip Tod, es geht nur noch um letzte Dinge.

Was für Ronald Reagan der Kommunist, für Friedrich Zimmermann der Terrorist und sein Sympathisant, für den Umweltschützer die Kraftwerk- und die chemische Industrie, das ist für die Autonomen das Schwein (früher: »Pig muß putt«) – Politik als Ball des Bösen. Von Charaktermaske ist nicht mehr die Rede, Luzifer streicht durch die Gegend mit allerlei Gestank und Lärm (vgl.: Richard Katz – Drei Gesichter Luzifers: Lärm, Maschine, Geschäft – Zürich, Leipzig 1934), aber auch Tarnverhalten.

Die Welt ist von Rotkäppchen bevölkert, und überall lauert der Böse Wolf. Nein, die Welt ist von Schweinchen bevölkert, und überall lauert Ede Wolf. Nein, die Welt ist von Betroffenen bevölkert, und überall lauert Schweinchen Schlau – auch falsch, wir befinden uns vielmehr im Anflug aufs Jüngste Gericht, und von Simulation kann keine Rede sein, denn es fließt Blut.

»Der gute Mensch« galt noch vor kurzem als einer der Linken, als herzensguter Weltverbesserer mit dem Pech, daß er sich im Kampf ums Gute im Netz der Zweck-Mittel-Relationen so lang verstrampelte, bis es nur noch gut gemeint, aber schlecht war, was er machte.

Schwarze Politik reißt die Maske des Guten herunter, zerstört den moralischen Konsens über die guten Absichten, Schwarze Politik muß destruktiv bleiben.

Denn der gute Mensch trampelt rücksichtslos überall in der politischen Landschaft herum. Er hat sich auch schon zum SIE entwickelt, Mann und Frau wollen enkelhaft besser ausfechten, sei's als Friedenskanzler Kohl, sei's als militante Gemüse- und Hasenschützer. Feind erkannt – Ziel benannt: Bumm-Bumm!

In diesem Krieg der Gurus und Ersatzpäpste, in dem jeder von Haus aus ex cathedra spricht, ist eine Wahrheit verlorengegangen, die nämlich, daß Gott tot ist, daß also auch politische Moral von allen politischen Wesen selbst erst entwickelt werden muß.

Doch Gott scheint nicht mehr tot zu sein, und so muß man auch nicht seinen Schatten zeigen. Gottes Leichnam ist vielmehr in das Zeitalter seiner künstlichen Lunge und seiner technischen Reproduzierbarkeit übergegangen. Jeder Idiot leistet sich eine Intensivstation, auf der er seinen Gott pflegt.

Nicht die Wirklichkeit wird simuliert – der Polizist im Wasserwerfer hat im Frankfurter September 1985 Günther Sare totgefahren –, die Bewertung der Wirklichkeit ist das reine Imaginationsereignis mit beschränkter Haftung.

Darunter leidet der moralische Diskurs. Und das ist bös'.

Denn im moralischen Diskurs werden – vorläufig wie eh und je – die Fragen nach der politischen Macht beantwortet. Dies ist keineswegs eine gewaltfreie Debatte, denn auch die Pharmaversuche an Mensch und Tier durch die zuständige Industrie gehören zum moralischen Diskurs, ob sie veröffentlicht werden oder nicht.

Doch unsere politische deutsche Kultur mag nicht den lauten und dissonanten Streit der Parteien; es hebt vielmehr sein furchtbar Haupt empor ein Wesen, das Weltanschauung heißt. Moral, politische Moral ist eine eherne Sache der Weltanschauung, sie *macht* den Prozeß, sie *ist* kein Prozeß, so lautet ihr Credo.

Weltanschauung – eigentlich ein Satellitenprojekt, eine Astronautenansicht – hat enormen Tiefgang, religiöse Wahnkraft, in deren Parallelogramm wir uns befinden. Der von Georges Bataille als heterogene Existenz geschätzte Adolf Hitler schrieb in seinem Buch »Mein Kampf« zu diesem Thema:

»Politische Parteien sind zu Kompromissen geneigt, Weltanschauungen niemals. Politische Parteien rechnen selbst mit Gegenspielern, Weltanschauungen proklamieren ihre Unfehlbarkeit.« (S. 507)

»Da eine Weltanschauung niemals bereit ist, mit einer zweiten zu teilen, so kann sie auch nicht bereit sein, an einem bestehenden Zustand, den sie verurteilt, mitzuarbeiten, sondern fühlt die Verpflichtung, diesen Zustand und die gesamte gegnerische Ideenwelt mit allen Mitteln zu bekämpfen, d.h., deren Einsturz vorzubereiten.

Sowohl dieser rein zersetzende Kampf, der von allen anderen sofort in seiner Gefahr erkannt wird und mithin auf gemeinsame Abwehr stößt, als auch der positive, der zur Durchsetzung der eigenen neuen Gedankenwelt angreift, erfordert entschlossene Kämpfer. So wird eine Weltanschauung ihre Idee nur dann zum Siege führen, wenn sie die mutigsten und tatkräftigsten Elemente ihres Zeitalters und ihres Volkes in ihren Reihen vereinigt und in die festen Formen einer kampfkräftigen Organisation bringt. ... Während das Programm einer nur politischen Partei das Rezept für einen gesunden nächsten Wahlausgang ist, bedeutet das Programm einer Weltanschauung die Formulierung einer Kriegserklärung gegen eine bestehende Ordnung, gegen einen bestehenden Zustand, kurz gegen eine bestehende Weltauffassung überhaupt.« (S. 508)

Höchst aktuell, Herr Hitler, denn nach diesem Prinzip sehe ich gegenwärtig die katholische Kirche ihren Kampf gegen das Recht auf Abtreibung organisieren, sehe ich Islamisierung in Libyen und im Iran, sehe ich den Kampf zwischen Polizei und Demonstranten eskalieren, sehe ich mich selbst beim Entwickeln einer Weltanschauung, die die bestehende Ordnung, daß es Menschen gibt, umzustürzen trachtet. Gefahr fährt auf der Straße, Friede und Recht sind sehr wund.

Auswege aus dieser Tyrannei der Wertvollen zu finden, mag selbst schon ein Versuch sein, der in die

Falle des Guten tritt. Denn ein geheimer Rettungswunsch ist doch das mindeste, was vorliegt, wenn schon über Auswege nachgedacht wird. So bleibt, sich in der Tyrannei zu bewegen, freilich revoltierend. In der Philosophie hat Peter Sloterdijk den »Kynischen Impuls« gegen die zynische Herrenmoral gesetzt, in der Ästhetik müht sich Karl-Heinz Bohrer (Merkur 431), das Böse als Kunst zu retten, und auch in der Politik scheint die Sympathie für den Teufel immer wieder auf.

Doch das Böse, das gewollte Böse in der Politik – da unterscheidet sie sich fundamental von der Kunst –, geht unter in den gewaltsamen und oft grauenvollen Folgen dessen, was gut gemeint war. Die »Anti-Ontologisierung« des Bösen in der Politik ist wenig hilfreich. Der moralische Diskurs dagegen fragt nach dem richtigen und besseren Leben der Menschen innerhalb der politischen Gemeinschaft, innerhalb der Kultur der Öffentlichkeit.

Um diesen Diskurs gegen die Lüge der politischen Sprache – Gewalt sei kein Mittel der Politik, sagte der Innenminister und jagte die Polizei auf die Demonstranten –, um diesen lebensnotwendigen Diskurs führen zu können, bedarf es der Schwarzen Politik.

Schwarze Politik ist gefährlich, sie ist Aktion, Rhetorik, sie beugt sich nicht der herrschenden Begriffsbildung, Schwarze Politik ist die dunkle Schwester der politischen Strategie des vernünftigen Kompromisses.

Am 26. Oktober 1985 machte sich ein A.R. im »Rheinischen Merkur – Christ und Welt« seine finsteren christlichen Mordgedanken über das rot-grüne Bündnis in Hessen. Zunächst drückte er Holger Börner ein falsches Zitat an den Betonleib. »Das Problem Grüne«, soll Börner gesagt haben, »werden wir mit der Dachlatte erledigen.« Gesagt hatte Börner in einem Interview mit der Illustrierten: »Bunte« »Früher auf dem Bau hat man solche Dinge mit

Dachlatten erledigt«, und gemeint waren damit militante Kämpfe um die Startbahn West bei Frankfurt.

Und der Christ A.R. hechelte weiter: »Ob die Rechnung Brandts aufgeht, wonach die SPD die Grünen so lange umarmen solle, bis ihnen das Genick gebrochen ist, weiß man nicht.« Wir werden sehen, wer wem das Genick brechen wird. Ein Zitat aus dem großen Nachschlagewerk der Schwarzen Politik mag A.R. antworten. Ein Vorgänger Ronald Reagans, Thomas Jefferson, schrieb einmal:

»Welches Land kann seine Freiheiten bewahren, wenn seine Herrscher nicht von Zeit zu Zeit darauf hingewiesen werden, daß das Volk den Geist des Widerstands bewahrt. Laß sie zu den Waffen greifen! Was bedeuten ein paar Leben, die in einem oder zwei Jahrhunderten verlorengehen. Der Baum der Freiheit muß von Zeit zu Zeit mit dem Blut von Patrioten und Tyrannen aufgefrischt werden. Es ist sein natürlicher Dünger.«

Ob meine Rechnung aufgeht, wonach die Leute zu den Waffen greifen, bis der Baum der Freiheit mit dem Blut von A.R. aufgefrischt wird, weiß man nicht. Denn wir reden ja alle nur in Metaphern und meinen nicht, was wir schreiben.

5. Idylle und Katastrophe

»Je unbarmherziger der Weltgeist triumphiert, um so eher vermag das nach seinem Maße Zurückgebliebene nicht bloß fürs Verlorene, für die romantisch verklärte Vergangenheit einzustehen, sondern sich auch als Schlupfwinkel und Zufluchtsstätte eines zukünftigen Besseren zu erweisen.

Aber man sollte es sich doch mit dieser Hoffnung nicht allzu bequem machen. Sobald das Zurückgebliebene sich verstockt und als das Bessere selbst aufwirft, also gleichsam seine Unschuld verloren hat, nimmt es bereits als handlicher Herzenswärmer ein Element der Unwahrheit an. Dann kommt es gerade jener großen Tendenz zu Hilfe, von der es ausgenommen zu sein beansprucht.«

Theodor W. Adorno – Auferstehung der Kultur in Deutschland – Frankfurter Hefte 1950.

»Ein Zollbeamter (50) hat in Saarbrücken erst seine Frau (43) und dann sich selbst erschossen. Der Zöllner galt als ruhig und besonnen.«

Hier wird in zwei Sätzen das Verhältnis von Idylle und Katastrophe abgehandelt. Natürlich war es die BILD-Zeitung, die am 21. Februar 1986 diese tiefenscharfe Meldung brachte. Schmunzelnd nimmt der nachkritische Verstand die Nachricht auf und wundert sich erneut über den präzisen Zynismus des Blattes, seine Fähigkeit, die Abgründe der bestehenden Gewaltverhältnisse scharf auf den Begriff zu bringen. Manch bemühte schöngeistige Literatur bleibt dagegen blaß in ihren guten Absichten stecken. Gerade das scheinbar Affirmative der Sensationsmeldung genießt der zynische Zeitgeist, weil er hier ein Abbild der Häßlichkeit der Welt ins Haus geliefert bekommt, von der er, durch räumliche Distanz bedingt, sich schaudernd, aber mit genüßlichem Schauder, abwenden kann.

Leider übersieht der mutige Leser, der sich trotzig an BILD erfreut, daß hier, und gerade in der oben zitierten Meldung vom tragischen Schicksal des Zöllnerehepaars, nur linke Sozialarbeit die Feder führte. BILD nämlich ist das Zentralorgan der sozialarbeiterischen Weltverbesserung. BILD teilt die Ansicht, daß der Mensch an sich gut und unmündig ist und nur der besseren Erziehung bedarf, um zu sich selbst zu kommen. BILD ist die Rache an der linken These vom durch die Medien manipulierten Menschen. Denn BILD will, wie die Vertreter dieser These, Menschen durch Medien verbessern. Ein Zollbeamter hat in Saarbrücken erst seine Frau und dann sich selbst erschossen. Der Zöllner galt als ruhig und besonnen. Hier wird ein Zusammenhang behauptet. Wäre der Zöllner, so suggeriert die Folge der beiden Sätze, unruhig und unbesonnen gewesen oder hätte er zumindest als derart *gegolten*, ja, dann wäre es wohl nicht zur Katastrophe gekommen. Die Idylle der Ruhe und Besonnenheit wird zur Ursache von Mord und Totschlag erklärt.

Wir haben hier das Konzept einst fortschrittlicher Jugendarbeit vor uns, das sich in den siebziger Jahren ausbreitete. Jugendzentren wurden gefordert, und sämtliche Initiativen für selbstverwaltete Jugendzentren fanden schnell Unterstützung durch linke Gruppen. Doch als nicht politisch legitimierte und also chaotische Gewalt immer wieder aufkam, mußte darüber nachgedacht werden, wie man solche Gewalt kanalisieren kann. Die Idee von Sporträumen kam auf, in denen die Jungs ihren Frust auf den Punchingball hauen sollten, statt ruhig und besonnen zu sein: Also reißt euch mal richtig zusammen, und laßt euch ordentlich gehen.

Idylle war denen, die da Sozialarbeit für noch nicht ganz verlorene Generationen machten, ein Ideal verlorener Spießbürgerlichkeit, wo die Gewalt hinter runtergelassenen Rolläden lauert und sich in Alkoholismus, Vergewaltigung und psychosomatischen Erkrankungen austobt.

Idylle gilt so in den Welterklärungsmustern der jüngeren Vergangenheit als Ursache katastrophischer Explosionen.

In Wahrheit aber ist Idylle nur der komplementäre Faktor der Katastrophe. Zwischen beiden Erlebensformen gibt es kein Kausalverhältnis, nur eine sich gegenseitig ergänzende Verwandtschaft.

Um so schändlicher ist die Begründung mancher Leute, die sich aufs Land zurückgezogen haben, für einen solchen Schritt. Das Landleben wird zum einfachen Leben definiert, aus dem heraus Kraft gegen die städtische organisierte Naturzerstörung gewonnen werden kann. Das Land erscheint als Rückzugsort, an dem die Bataillone für ein besseres Leben gesammelt werden, aus der Einheit von Mensch und Natur. Der drohenden Katastrophe durch Chemieverseuchung, Aufrüstung und Atomgefahr wird die Idylle vorindustrieller Bauernherrlichkeit entgegengestellt. Daß es diese Idylle nie gegeben hat, daß sie ein Propagandamittel des Großgrundbesitzes und religiöser Arbeitsfanatiker war, die gegen den Sumpf der Großstadt und gegen den Kontakt zwischen Bauern und Arbeiterbewegung kämpften, vergessen die heutigen Blut-und-Boden-Anhänger gern. Damit ist nichts gegen diejenigen gesagt, die ein Leben auf dem Land demjenigen in der Stadt vorziehen. Nur bleibe man uns vom Leibe mit politischer Naturmystik.

Bei so viel sozialem Terrorismus, wie ihn die gesellschaftlichen Verhältnisse der Anbetung der Geldmacht produzieren, liegt in der selbstbewußten Gründung einer sich gesund ernähren wollenden Groß- oder Kleinfamilie auf dem Land genausoviel utopische Sprengkraft wie im Erwerb einer Eigentumswohnung in der Stadt. Und so sollte man private Konsequenzen aus der eigenen Lebensgeschichte nicht politisch zu legitimieren versuchen. Es kommen nur Illusionen hervor, die überwunden schienen, die Illusion z.B., mit dem guten Willen zur richtigen Entscheidung im privaten Leben sei das Eigentliche der Politik schon geleistet. Danach steckt der politische Teufel im intimen Detail.

Das öffentliche Leben als der Bereich des Politischen wird von der Tyrannei der Intimität bedroht. Davon hat Richard Sennett in seinem Buch »Verfall und Ende des öffentlichen Lebens« (Frankfurt 1983) eindrücklich berichtet. Der Wille, die öffentliche Ordnung zu kontrollieren und zu formen ist demnach mehr und mehr verschwunden, die Menschen suchen sich zunehmend vor der Öffentlichkeit zu schützen.

Politik läuft also wieder Gefahr, als prinzipiell schmutziges Geschäft nur noch an Lumpen und Banditen oder charismatische Führer delegiert zu werden.

Gegen die Kälte des Staates erwärmt sich die Phantasie an Bildern überschaubar gemütlicher Idyllen, seien es die Idyllen der Kleinfamilie, der Großkommune, des beruflichen Aufstiegs oder des unversöhnlichen Kampfes gegen den Staat.

Ebenso privatisiert sich der Begriff des Politischen, Politik wird bewertet mit den bornierten Maßstäben häuslicher Gerechtigkeit und individueller Betroffenheit, die politische Moral wird so bloß zur Frage der seelischen Tagesform.

Der entscheidende politische Konflikt ist heute nicht der Kampf der Vorherrschaft zwischen Linken und Rechten, wichtiger ist, Öffentlichkeit zu erhalten und auszuweiten – eine Öffentlichkeit, in der dem demokratischen Ideal entsprechend die verschiedenen gesellschaftlichen Klassen, Gruppen und Kulturen um die Macht kämpfen.

Begeben wir uns an einen Ort, an dem Chaos und Ordnung, Idylle und Katastrophe beispielhaft sich aneinanderreiben. In der Mitte der Bundesrepublik liegt *die* zeitgemäße Stadt, in der das Geld regiert und viel Kultur vorhanden ist, eine Stadt, die Symbolwert hat für die Fähigkeit konservativer Politik, unruhiges Gelände zu befrieden: Frankfurt.

Betrachten wir Frankfurt allerdings unter dem Gesichtspunkt seiner in den 70er Jahren entdeckten ehemaligen Unregierbarkeit, so steigt nicht nur ausgepichten Anarchisten und Politrockern eine Träne der Trauer ins Auge.

Frankfurt heute, das neue Frankfurt, schmückt sich stolz mit den Warenzeichen Metropole, Kunststadt, urbanes Lebenszentrum.

Das neue Frankfurt ist jedoch nur eine ausgewogene Provinzstadt, die an das Feuilleton der Frankfurter Allgemeinen Zeitung erinnert: Es darf alles gesagt werden, aber es ist auch wurscht, was gesagt wird. Frankfurt ist weder urban noch Metropole – die Stadt gibt sich eher als Wiederaufbereitungsanlage ausgelaugter Brennstäbe einstmals rebellischer Bewegungen und Szenen –, Frankfurt lebt bloß die Idee von Metropole und Urbanität. Die Stadt hat sich von der Bühne wilder Ideen und Straßenschlachten zum Museum verkehrsberuhigter Fußgängerzonen entwickelt.

Und so tappern – auf der Suche nach der verlorenen Zeil – auch schon alternde Kulturkritiker durch die Autobahnen und Gassen, beschimpfen die Fassaden, reden etwas von postmodernem Schrott, klagen, daß alles nur Simulation sei, und weinen vergangener Radikalität nach. Ach, als Frankfurt noch unregierbar war! Das, was Frankfurt einst zur Weltstadt gemacht habe, politischer Brennpunkt an der kapitalistischen Krisenfront zu sein, das sei eingebuddelt und versaftet. Man habe seinen Frieden geschlossen mit Kapital und neokonservativer Stadtregierung, statt unversöhnlich den Herren der Profitrate und ihrem menschenfeindlichen System knallhart die Faust der Weltverbesserung entgegenzuschwingen.

Sicher, Frankfurt unterscheidet sich von Wien dadurch, daß es kein Bewußtsein davon hat, in seiner gegenwärtigen Verfassung auch nur ein Friedhof begrabener Geschichte, ein Provinznest, eine Modeschau für Zombies zu sein, deren Leben darin besteht, grundlos gut drauf zu sein. Die Frankfurter Inszenierungen seiner eigenen Weltstädtischkeit sind schlecht besetzte und schlecht arrangierte Lokalpossen.

Aber war nicht auch die heroische Epoche der Unregierbarkeit der Stadt nur eine von vielen, teils antagonistischen, Seiten inszenierte Komödie, ein Spiel des häßlichen Scheins, der damals dem ästhetischen Main-Stream entsprach? Ist nicht die heutige Beteuerung, wie sehr alle Frankfurt lieben, genauso oberflächlich, wie die damaligen Haß- und Abgrenzungsarien infantil und selbstgefällig waren? Denn Frankfurt war nie unregierbar. Der Sozialwissenschaftler Claus Offe hat darauf hingewiesen, daß die Metapher der »Unregierbarkeit« eine geschickte Übernahme linker Krisentheoreme bedeutete, mit der der Konservatismus seine eigenen Untergangs- und Endzeitvorstellungen feierte. Die Unregierbarkeit war in den 70er Jahren die semantische Geheimwaffe der neokonservativen Tendenzwende, die sich gegen die sozialdemokratische Anspruchsgesellschaft richtete, um endlich wieder das Chaos von links mit der Ordnung von rechts zu besiegen. Bei friedlicher und absolut gewaltloser Betrachtung dieses Sprachscharmützels sieht man heute, wie banal die Rechte argumentierte. Scham gar breitet sich aus, wenn ich daran denke, daß der Vorwurf der Unregierbarkeit von der Linken für die bare Münze eines aus den Fugen geratenen politischen und ökonomischen Systems genommen wurde. Und Regierbarkeit als Leistung des Oberbürgermeisters Wallmann liest sich denn anläßlich seines Abschieds aus Frankfurt auch als etwas sehr Harmloses: »Am bedeutendsten aber sei, daß Wallmann den Frankfurtern ihr Selbstbewußtsein als Bürger dieser Stadt zurückgegeben habe.« (FR vom 21.6.1986) So hat die Krise der Verwaltbarkeit doch nur im Kopf stattgefunden als mangelndes Selbstwertgefühl des mittelständischen Ersatzbürgertums.

Wir waren stolz, der Stadt einen Schreck eingejagt zu haben, und hielten dies für eine wichtige Etappe im Kampf um die Macht. Doch der politische Sittenverfall, der Angriff auf das Gewaltmonopol des Staates, Chaos, Anarchie und Politrockertum haben sich nie im Zentrum politischer und ökonomischer Entscheidungsmacht aufgehalten. Krawall und Diskurs, Straßenschlacht und Theoriebildung, explodierende Molotow-Cocktails und Attentate, Hausbesetzungen und Fabrikstreiks – all das sind Aktionen im Felde der politischen Kultur, in der Streitarena der Ideen. Trotz böser Absichten gegen Kapital und Staat, deren Verbindung auch heute noch oft leicht verkürzt als »Schweinesystem« enger gesehen wird, als sie ist, trotz dieser äußerst destruktiven Innentendenz war der Kriegsschauplatz auch in Frankfurt meist für die Absicht, den Kapitalismus zu zerschlagen, nicht ganz richtig gewählt. Die Straße ist das Medium der gewaltfreien Politik, des politischen Streites um Ideen und Entscheidungen; da mögen noch so viele Straßenschlachten stattfinden, die eigentliche Gewalt politischer und ökonomischer Entscheidungen wird hier nicht ausgeübt.

Die politische Verfassung der Stadt ist die kommunale Selbstverwaltung, die U.K. Preuß zufolge »im System der durch die kapitalistische Ökonomie formbestimmten politischen Verfassung der Bundesrepublik die politische Institution ist, in der der Widerspruch zwischen dem Verwertungsdrang des Kapitals und den konkreten Lebensbedürfnissen der Menschen am unmittelbarsten zum Ausdruck kommt«.

Wo kommt nun der Verwertungsdrang des Kapitals in Frankfurt widersprüchlich zu den konkreten Lebensbedürfnissen der Menschen zum Ausdruck? Im Schatten, den das gewaltige Gebäude der Deutschen Bank auf die Bewohner der Klüberstraße wirft?

Die Banken bieten ein wunderbares Beispiel für das Frankfurter Verhältnis von Politik und Ökonomie. Damit meine ich nicht die Ermordnung des Bankiers Jürgen Ponto (Dresdner Bank) durch die Ganoven der Guerilla im Jahre 1977. Diese Aktion war wohl nicht als Intervention ins spätkapitalistische Bankengeschäft zu interpretieren und muß daher auch nicht politikkritisch analysiert werden.

Schauen wir uns lieber den Häuserkampf der 70er Jahre an, die Ursache der Unregierbarkeitserklärung seitens der konservativen Sinnstifter.

In allen Untersuchungen der Westendbebauung tauchten immer wieder die Banken auf als die Geheimzentren der menschenverachtenden Spekulation. Aber die Kritiker der Banken blieben in ihrer moralischen Verurteilung stehen. Politik aber ist nicht nur Kritik, und daher interessiert heute noch, welche politischen Entscheidungen damals gegen die Wirtschaftspolitik der Banken gefällt wurden.

Es wurde tatsächlich keine auf politische oder ökonomische Veränderungen gezielte Entscheidung gefällt. Die Politik des Häuserkampfes war betont Kulturpolitik. Marxisten forderten Verstaatlichung der Banken, und Spontis forderten Selbstverteidigung der besetzten Häuser, Selbstverteidigung der Demonstrationen und schärfste Mißbilligung von Polizei und Kapital. Es gab und gibt keine politische Vorstellung davon, wie die Linke in den Entscheidungsprozeß der Banken eingreifen könnte. Das heißt, linke Politik in Frankfurt reibt sich an der Sprache und an der Polizei, nicht an ökonomischen Machtverhältnissen. Die will sie nicht verändern, sondern umstürzen. Und wer da nicht mitmacht, der soll doch gleich rübergehen – in die SPD. Auch die immer noch anhaltenden Kämpfe gegen die Startbahn West kümmern sich nicht um Einfluß in den Räumen, in denen wirtschaftliche und politische Eliten Entscheidungen treffen. Dieser Kampf gehört zur rebellischen Ausdruckstanzkultur unserer Zeit und setzt daher mehr Betonung auf das Wort »Bewegung« als auf machtpolitischen Einfluß. Natürlich kann man massenhaft zur Landesregierung gehen und dort Unterschriften zuhauf abgeben. Daß man dann aber enttäuscht und verbittert ist, wenn der Ministerpräsident den Bau der Startbahn nicht verhindert, das verrät ein sehr absolutistisches Staatsverständnis: Man muß den Fürsten überzeugen, und der regelt dann als guter Landesvater die Volkswirtschaft im Interesse der Landeskinder.

Ich blicke hier nicht resigniert zurück auf gescheiterte Politik, sondern ich versuche nachträglich die Erkenntnis zu verkraften, daß viele politische Bewegungen gar nicht zum Scheitern kommen konnten. Häuserkampf und der Kampf gegen die Startbahn West haben nie Einfluß auf die politischen und ökonomischen Machtzentren nehmen wollen, sie wollten bloß, daß die Machthaber nachgeben.

Die Kraft dieser Bewegungen – neben der materiellen Beeinflussung von Bausubstanz und Maschendraht, Schaufensterscheiben und polizeilichen Beamtenkörpern – war stilbildend für das politische Reden, war Produktion von Ideen des Politischen, war die Entfaltung einer neuen, aggressiven Kultur des Miteinanderlebens in der Massendemokratie.

Zwischen linker Selbstüberschätzung und bürgerlich-hysterischer Reaktion, zwischen diesen komplementären Faktoren der Unregierbarkeitsbeschwörung liegt die souveräne Logik moderner Planungsökonomie:

»Der Protest scheint das System der bestehenden Zivilisation zu erschüttern; die absurden Forderungen nach Abschaffung der Autorität oder nach Nullwachstum erschrekken uns nicht. Tatsächlich ist aber *der Protest ein heilsames Ferment*, nicht nur weil er, wie alle oppositionellen Bewegungen, den Finger auf wunde und sonst eher vernachlässigte Produkte legt, sondern eine fruchtbare *Herausforderung* an uns ist, sich selbst einmal Gedanken über die Triebkräfte und Zielsetzungen der technischen Zivilisation zu machen. Joseph Schumpeter bemerkte einmal, der Kapitalismus werde nicht an seinem Gegner, dem Sozialismus, zugrunde gehen, sondern an seiner eigenen Sattheit, welche zum Erlahmen des Prozesses der ›schöpferischen Zerstörung‹ führe. Die jetzige radikale Kampfansage gegen unsere Zivilisation, genauer gesagt gegen unsere konkrete, heute und hier erfahrene Existenz, *bewahrt uns vor einer solchen Sattheit* ...«, heißt es 1980 in einer von der Siemens-Aktiengesellschaft herausgegebenen Schrift über die »Menschlichkeit unserer Zivilisation«.

Wenn politische Straßenrevolten schon den träge fließenden Strom der Stadtverwaltung nicht aufzurühren vermögen, so könnte kommendes Chaos hinter der Ausländerfrage lauern. Droht Frankfurt überfremdet zu werden oder in einen Hort der Ausländerfeindlichkeit und des Rassismus auszuarten? Oder sind beide Phänomene sich ergänzende Faktoren der bestehenden vor-urbanen Angstkultur? Oder wird gar eine der Aufklärung und der Menschenliebe verpflichtete linke Politik den Bürgerkrieg gegen nationale Minderheiten verhindern?

Der bayrische Ministerpräsident Franz Josef Strauß bemerkte anläßlich des Streits um die in die Bundesrepublik Deutschland flüchtenden Ausländer, wer gegen eine Änderung des grundgesetzlich verbrieften Asylrechtes sei, solle doch einen Tamilen in die eigene Wohnung aufnehmen und sich so an der Integration unserer ausländischen Mitbürger beteiligen.

Da war die demokratische Öffentlichkeit pflichtgemäß stark empört und hieß diesen süddeutschen Privatdiktator und kapitalistischen Vertrauensmann einen zynischen und menschenverachtenden Gesellen.

Aber gemach! Strauß hatte boshaft rhetorisch nur das Muster benutzt, das die Linke in ihrer Güte, die höher ist denn alle Vernunft, als eigenes Dogma pflegt wie eine Diakonisse den Husten der blinden, einsamen Rentnerin: Das Politische und das Private werden gegen alle Gesetze der Mülltrennung in einen Eimer geworfen und vermischt.

So hört man links ständig ein moralisierendes Murren gegen Ausländerfeindlichkeit, selten aber politische, verwaltungsfähige Verbesserungsvorschläge, wie denn die gesteigerte Immigration zu organisieren wäre im Geiste des Stadtfriedens und nach Gesichtspunkten der Menschenrechte, der Emanzipation und der Liebe zur Natur. Die Linke ruft der Welt zu: »Nur immer rin in die gute Stube, das Sozialamt wird's schon richten!«

Privat hält sich so mancher linke Mensch seinen freundlichen Kontakt zu einigen Fremden, man richtet zu Haus auch schon einmal ein Fremdenzimmer her zur übergangsweisen Übernachtung, auch im Urlaub geht's immer wieder über die Grenze hinaus ins ein bißchen Andere, doch mit Recht nimmt niemand Asylsuchende auf, um damit den Staat zu entlasten. Wo kämen wir hin, wenn wir dem Atomstaat die Probleme lösen, dem kapitalistischen, dem abstrakten, dem Mörderstaat? Angesichts der Kämpfe in Nicaragua oder der Katastrophe in Tschernobyl oder der gefangengehaltenen Genossen & Genossinnen aus dem bewaffneten Kampf oder der noch immer stark und patriarchalisch benachteiligten Frauen können unsere freundlichen Beziehungen zu Ausländern nur den Wert privater Bakschischvergabe besitzen. Wir haben nicht mehr und rufen trotzdem voller Stolz den Dürstenden und Leidtragenden der Welt zu, sie mögen ins gelobte Land kommen zu uns. Das Loben wird ihnen dann schon vergehen, und wir haben Verbündete unserer Staatsfeindschaft.

Die Linke verteilt die Brosamen ihrer Zuneigung an pakistanische Rundschau-Verkäufer und türkische Kebabveredler und überläßt es den Anwälten, Restrechte für Fremde einzuklagen. Ansonsten aber suhlt man sich in der moralischen Distanz zu Faschos und Skins und zum deutschen ausländerhassenden Spießer an sich. Die Angst vor dem Chaos ist eine falsche Apokalypse des bürgerlichen Befindens, und die Angst vor der Fremdenfeindlichkeit ist die verwandte Apokalypse des wollüstigen linken Blicks auf die xenophobe Gemeinheit der Machthaber und ihrer gewalttätig nützlichen Idioten.

Und Idioten gibt's en masse. Rassismus, Hetze gegen alles Fremde, machttaktisch begründete Versuche, die soziale Misere der Arbeitslosigkeit auf das Schuldkonto fremder Sündenböcke zu schreiben – das ist ein Großteil der Kultur für alle und von allen, die in Frankfurt unter der inoffiziellen großen Koalition zwischen SPD und CDU ebenso exekutiert wird wie in Westberlin. Nur hat sie hier noch den Nachteil, daß diese Exekution vom sozialdemokratisch progressiven Kulturdezernenten mitgetragen werden muß. Aber so entfaltet sich eben die deutsche Sozialdemokratie in ihrer ganzen Schäbigkeit und Selbsttäuschung: Als scheinbares Gegenbild schleimt panische Ersatzfreundschaft durch die gehoben anständig-linke Polit-Scene allem gegenüber, was so fremd ist, das es den Stempel des antinormalen Exotischen zu empfangen würdig erscheint. Der saubere Rechte liebt die Idylle seines Schrebergartens, in dem Gartenzwerge, Radieschen, Ehefrau und Kinder strammstehen zum Empfang von Lebensfreude.

Der, die und das Linke aber läßt die Augen erst dann glitzern, wenn die Idylle des basisorientierten Chaos, die leicht überfreundliche Straßenfestkultur und das Herumreden um den heißen Brei des Lebens (Nachbarschaft) angereichert wird durch feurige dunkelhaarige Männer und temperamentvolle Südländerinnen, die eben – ganz anders als die Deutschen – ein viel sinnlicheres Verhältnis zu ihrem Körper haben. »Also weißt du,« sagt sie zu ihm, »die Neger haben einfach einen ganz anderen Arsch.«

Die Rechte fürchtet die Ausländer, weil sie unsere Frauen vergewaltigen wollen, und die Linke liebt die Ausländer, weil sie mehr von der körperlichen Liebe verstehen.

Ausländer sind Objekte deutscher Gefühle, deutscher Erwartungen und deutscher Begierden. Ausländer sind die Gegenstände, mit denen sich das deutsche Subjekt beschäftigt.

Nun gibt es zwei Spielarten der Gewaltausübung: Man kann den Gegenstand kaputtmachen, und man kann den Gegenstand einsperren. Ich fange den Maikäfer, um ihn zu zerlegen (Rassismus), oder ich fange den Maikäfer und sperre ihn in meinen Schuhkarton (Integration des Maikäfers in mein kommunales Wahlrecht). Der Ausländer und die Ausländerin sind die Insekten der einheimischen Kultur. Sie werden als Insekten behandelt. Sie haben Bedürfnisse zu befriedigen, die sie nicht angerichtet haben. Linke Politik der Ausländerfreundlichkeit bei gleichzeitigem kulturellen Einverleibungsgestus – »Bleibt bei uns, denn ihr gebt uns Farbe auf Markt und Speisekarte« – macht die Ausländer zu integrationsfähigen Verwaltungsgegenständen, zu Betroffenheitsakten. Und dahinter verbirgt sich ganz plötzlich und unerwartet bei linken Menschen der Wille zur unbedingten Regierbarkeit des Problems, die apokalyptische Angst vor dem Chaos der gewaltsamen Völkervermischung. Die Politik der gewaltfreien Sozialarbeit aber ist nur ein harmloses Firmenzeichen für die Eingemeindung fremder Menschen durch die Ausrottung ihrer Eigenständigkeit. Es gibt keine Autonomie an Ausländer zu verleihen, sie werden sie sich schon selber nehmen müssen.

Sollte man sich also heutzutage in Frankfurt umbringen, was einem diese Stadt auf den ersten Blick nahelegt? Vielleicht, aber lassen Sie mich vorher noch mit einem Gedanken diesen kleinen Kommentar zum Thema »Frankfurt als Focus der unangreifbar scheinenden Macht der kapitalistischen Ökonomie« schließen. Die Unregierbarkeit der Stadt Frankfurt am Main, von der in verherrlichender Erinnerung und triumphaler Siegespose geträumt wird bei Freund und Feind, fand, wie wir gesehen haben, nie statt. Die niederschmetternde Abwaschbarkeit des neuen Frankfurt demonstriert mit ungeahnter optischer Gewalttätigkeit die Idylle der postmodern flanierenden Volksgemeinschaft: Frankfurt marschiert.

Doch die Umfunktionierung der Stadt in eine gekachelte Intensivstation macht es ihren Bewohnern auch leichter, neue Begriffe zu finden zur Analyse einer Gesellschaft, die es noch immer verdient hat, revolutioniert zu werden, in der es aber ein Ritt wider Windmühlenflügel ist, wenn politische Perspektiven aus der Asservatenkammer des 19. Jahrhunderts zusammengeklaubt werden. In Frankfurt erfährt die Linke, daß sie nur mit den Bankangestellten, den Werbefreaks, mit den Direktoren und Managern, selbstredend auch mit Lohnabhängigen, Systemveränderung erreicht. So mag, noch immer getrieben von der List der Vernunft, gerade in Frankfurt das städtische Modell der Revolution sich am neokonservativen Alltag der postindustriellen Informationsgesellschaft entwickeln.

Schon machen sich in Frankfurt selbst, doch auch anderswo, die Propheten, Weltverbesserer, Weltbildhauer und Rettungsfanatiker auf, um sich im Zentrum spätbürgerlicher Sterbehilfe, im neuen Frankfurt, zu tummeln als Spezialisten der schöpferischen Zerstörung.

6. Menschenrecht und Naturgesetz

»Ihr wollt herrschen über die Natur und bindet euch selbst Hände und Füße durch den Stoicismus, um desto rührender über des Schicksals diamantene Fesseln in euren vermischten Gedichten fistulieren zu können.«

Johann Georg Hamann – Aesthetica in nuce, (1762)

Es ist an der Zeit, das Bild von der freundlichen Natur vom Kopf auf die Tatzen zu stellen. Gerade in den letzten Jahren haben sehr viele Menschen in den Industriestaaten erheblich und stark übertrieben sich der Natur angedient, als sei die Natur die reine Verkörperung des Guten. Jede noch so große Lebensfreude konnte einem vergällt werden, weil irgendwelche ökologisch orientierten Gleichgewichtsfanatiker mit dem Vorwurf herbeieilten, man wolle sich auf Kosten der Natur amüsieren, handele also widernatürlich.

Hier lauert das Mißverständnis von der Beherrschung der Natur durch den Menschen, dieses neuzeitliche und hochmoderne Mißverständnis, das immer wieder Anklage erhebt gegen den Menschen, der die Natur, den Bauch und die Frau zugunsten von Industrie, Automobil und Mann unterdrückte.

Die Wirklichkeit aber ist grausam und daher anders: Wir Menschen, und zwar Mann und Frau, sind Sklaven der Natur, die Wirklichkeit ist also widerlich und das Verhältnis Mensch/Natur vordemokratisch, wenn auch gewalttätig von beiden Seiten. Um diese Gewalt zu zivilisieren, muß auch die arrogante und sehr oft kinderfeindliche Natur ihre spontanen Gewaltausbrüche eindämmen. Sonst werden Mensch und Natur nie in Harmonie geraten.

Die Naturerscheinung von Tschernobyl gibt hier genug Stoff zum Nachdenken. Es geht nicht an, nur über menschliche Schwächen des Sowjetsystems und über die Steigerung der Sicherheitsventilrate zu kommunizieren. Nein, eine kopernikanische Rolle vorwärts zur Beherrschung der Natur und ihrer destruktiven Triebe ist vorzubereiten. Die Stimmung dafür ist schon vorhanden.

Längst hat sich die Aufregung über die Tschernobyler Kernschmelze und die Wolken und die Folgen gelegt. Sicher, man durfte eine Zeitlang nicht mit frischem Blattspinat im Freien spielen, Geschlechtsverkehr war wie heute wg. Aids nur möglich bei einem Sicherheitsabstand von 2,50 m zwischen den Sexualpartnern und ständiger Abduschung aller Drüsen.

Doch es herrscht kein Ausnahmezustand. Es ist ein Fehler passiert, vielleicht sogar ein Verbrechen verübt worden. Auf jeden Fall ist mit dem Recht nicht richtig umgegangen worden.

Daß das Verbrechen Namen und Anschrift hat, ist Kriminalbeamten und Anhängern Bert Brechts bekannt. Und auch der allgemeine Rechtsverfall orientiert sich an Adressen. So war Tschernobyl nicht nur die Stätte glühenden Graphits und antisowjetischer Kernschmelze, Tschernobyl ist auch ein weiterer Ort auf der Landkarte des Zerfalls abendländischer Rechtskultur. Die Spätdemokratie im Herbst der Neuzeit wird nicht nur von Terroristen, Strahlen und genitalen Virusempfängern geschwächt, die Herrschenden der bürgerlichen Gesellschaft selbst streuen Chaos und Anarchie um sich, als handele es sich um Salz für frische Fritten. Tschernobyl ist somit nicht nur der Name für einen Platz, an dem eine historisch-materialistisch unerfreuliche Havarie stattfand, Tschernobyl ist auch im Westen Synonym für eine krisenreiche Epoche.

Während sich im Volk gemütlicher Zynismus niederschlägt und nervöse Dystonie von Cäsium-Paranoia abgelöst wird, erschrecken sich die ungemütlichen Berufszyniker des bürgerlichen Medienwesens selbst und verfallen in postkatastrophale Melancholie.

»Die trunkenen Trojaner, die das Waffengeklirr im hölzernen Pferd der Griechen überhörten und den verdorrenden Lorbeer im Tempel übersahen, sagten zur warnenden Kassandra, sie rede ›windigen‹ Unsinn. Nur eine Metapher. Die Trojaner sind untergegangen«, schrieb Matthias Schreiber in der FAZ unter der Überschrift »Wir Trojaner. Der böse Wind aus Tschernobyl« am 7. Mai 1986.

Tschernobyl – weh dem, der keine Symbole sah, es klapperten die Metaphern, und Analogien wurden geschmiedet als finstere Pläne, die tragische Antike von gestern und die energiepolitische Autarkie von morgen zu beschwören und zu verwechseln. Da galt es, dabei zu sein.

Tschernobyl – das bürgerliche Recht zerfiel, und das bürgerliche Feuilleton blühte auf. Die FAZ druckte am 10. Mai 1986 Auszüge aus der Apokalypse des Johannes ab, so wie es zwanzig Jahre zuvor aufrechte Ostermarschierer in ihren Blättchen taten, um auch Christen für den Frieden zu gewinnen und für die friedliche Nutzung der Kernenergie. Und so war 1968 das AKW in Biblis eröffnet worden, und niemand aus der Linken war hingegangen. Bleiben wir also lieber im Bannkreis von Analogie, Entsetzen und unverbindlichem Lebensgrusel.

Tschernobyl – klingt das nicht wie die Thermopylen, an denen 468 v.u.Z. eine Schlacht stattfand? Damals siegten die Perser, die ideellen Gesamtgaddafis der Antike, gegen die Griechen. Zehn Jahre später ließ Aischylos in Athen seine Orestie aufführen, die nach dem Sieg der Griechen über die Trojaner (Stichwort: Kassandra!) spielt und von der Ablösung des Prinzips Mutterrecht und Blutrache durch patriarchalische Rechtsrationalität erzählt.

In BILD am Sonntag (4.5.1986) wurde die Tatsache, daß Kernkraftwerke nicht abgeschaltet werden, damit gerechtfertigt, daß der Straßenverkehr im Jahr 8.000 Tote fordere und auch nicht abgestellt wird. Sind das nicht Symptome einer kranken Zeit? Und hatte bei solchen Rechnungen nicht Gaddafi für jenes Jahr in der Bundesrepublik noch 7.998 Tote frei?

Das waren die drängenden Fragen, die nicht nach Antwort heischten, denn eigentlich pflegten wir mit der FAZ das Denken den Trojanischen Pferden zu überlassen. Die haben hölzerne Köpfe, bestehen also aus Natur und nicht wie der Mensch aus Niedertracht und unzähmbarer Bosheit.

Ja, es blieb alles normal, der Ausnahmezustand fand nicht statt, nur Panik, Hysterie und naturschützerische Selbstdarstellung regierten die Öffentlichkeit beim Super-Gau.

Es ist auch im Grunde nichts Besonderes passiert, weil etwas geschah, was sowieso dauernd stattfindet: die Unvollkommenheit der Industriegesellschaft.

Diese Industriegesellschaft aber ist ein Teil der Natur und nicht, wie griesgrämige Blumenkinder durch ihre körnergestanzten Zahnlücken zischeln, eine Diktatur über Flora und Fauna. Auch Atome sind Teil der Natur. Wir alle bestehen aus Atomen. Und die Sowjetunion war ja gerade auf die Ökologie hereingefallen, indem sie der Natur freien Lauf ließ und ihr keinen patriarchalischen Berstschutz überstülpte. Das kommt dann heraus bei zu viel Vertrauen in die Natur.

Die Natur aber ist wie der Mensch, unzufrieden und von Haus aus störanfällig. Ohne jede Selbstbeherrschung gibt sie sich ihren Trieben hin, läßt da einen Vulkan ausbrechen und hier einen Fluß über die Ufer treten. Opfer sind, das lehrt die Geschichte der Schandtaten der Natur, meist die Schwachen, Frauen und Kinder, Greise und Sozialarbeiter. Wenn wir also einmal wieder umdenken wollen, dann heißt das, die Sache bei der Wurzel packen. Wir alle wurzeln in der Natur. Also ist eine radikale Entwurzelung des Menschen angesagt, damit er endlich losgelöst von den Banden der niederträchtigen Natur diesen Sumpf des Bösen trockenlegen kann. Das kann nur geschehen, wenn wir von den Störmanövern und Naturereignissen unserer Erbfeindes nicht mehr niedergeschlagen werden können. Die Waffen der Natur werden an uns unbeeindruckend abprallen, denn wir werden zur Symbiose von autonomer Kernspaltung und autarker Selbstversorgung mutiert sein: intensive Lebewesen ohne heute noch vorhandene Minderwertigkeitskomplexe gegenüber der Natur.

7. Gewaltmonopol und Staatsverdruß

»Staat? Was ist das? Wohlan! Jetzt thut mir die Ohren auf, denn jetzt sage ich euch mein Wort vom Tode der Völker.

Staat heisst das kälteste aller kalten Ungeheur. Kalt lügt es auch; und diese Lüge kriecht aus seinem Munde: ›Ich, der Staat, bin das Volk.‹«

Friedrich Nietzsche – Also sprach Zarathustra.

Im Jahre 1985 war vorübergehend ein neues Phänomen zu beobachten: die destruktive Mystifizierung des Staates. Von oben wird die Idee des Staates zertrümmert, damit von unten Ordnungs- und Staatsbedürfnis entsteht. Nennen wir Beispiele:

Bundeskanzler Kohl tapste mit Ronald Reagan auf dem Friedhof in Bitburg herum, ohne zu wissen, ob er dort Bierleichen oder toten Kameraden der Waffen-SS begegnen würde. Im Bundestag wurde Ende des Jahres während der Haushaltsdebatte versichert, daß ein paar Millionen Arbeitslose ein absolut überzeugender Hinweis auf den wirtschaftlichen Aufschwung seien, und mehrere Bundesminister der CDU streuten so gleichzeitig wie unbeabsichtigt das Wort »Klassenkampf« in ihre Redebeiträge, wobei sie flink und wie nervös augenzwinkernd versicherten, daß sie im Gegensatz zu DGB und SPD keinen Klassenkampf wünschten. Der eingeweihte Fernsehzuschauer und die ebenso eingeweihte Zuschauerin hatten zu wählen, ob die Regierung zusammen mit Sozialdemokratie und Gewerkschaften den Klassenkampf verabscheue oder aber ob etwa in der CDU im Gegensatz zur sozialpartnerschaftlichen Opposition ein Hang zum Bruch der Friedenspflicht subversiv angedeutet werden sollte.

Doch das Chaos war noch nicht vollkommen. Darum drohte der Präsident der Republik, Richard v. Weizsäcker, Freiheit für Rudolf Heß in Tateinheit mit der Aussöhnung deutscher Unschuldslämmer gegenüber jüdischen KZ-Opfern an. Dieser Präsident, der ein Symbol ist für das Eingemachte, an das es im Ernstfall in Deutschland stets geht, dieser Mann steht für das Ende der Dialektik: Alle gesellschaftlichen Widersprüche werden eingesammelt, in den Reden an die Nation aufgehoben und anschließend dem Prinzip Mülltrennung übergeben.

Wurde diese historische Chance zu revolutionärer Staatszertrümmerung ausgenutzt?

Was tat in solchen Augenblicken der Verwirrung die Linke, was sagten die Marxisten der Republik, wie wurde gearbeitet gegen Klassenherrschaft und Bourgeoisie?

Wo sind die Perspektiven? Trotz intensivster Bemühungen konnte ich diese brennenden Fragen bisher noch nicht beantworten, aber da ich mich in guter Gesellschaft vieler Ratloser wähne, möchte ich meine Beobachtungen der Verhältnisse unter dem Gesichtspunkt ihrer Veränderbarkeit schildern.

Die einst vielverbreitete Vorstellung von der notwendigen und bald möglichen Abschaffung des Staates hat sich verflüchtigt und sich dabei in den allgemein im Volke vorhandenen Staatsverdruß transformiert. Das Dilemma dieser Situation besteht darin, daß die identitätsstiftende Staatsfeindschaft, wie aktiv immer sie ausgeübt wurde, nur noch eine folgenlose innere Einstellung ist. Um diese wird aber hinreißend gekämpft. Die Ironie der Geschichte demonstriert, daß die Vorschriften des beamtenrechtlichen Berufsverbots von 1972 vom Staatsdiener eine positive innere Einstellung zum Staate, zu seinem Dienstherrn verlangten, bei dem er, der Beamte, sich zu Hause fühlen sollte. Heute wird in der Linken um genau das gleiche Projekt gestritten, um die seelische und geistige Haltung vor dem oder gegen den Staat. Wer sich innerlich nicht vom Staate distanziert, läuft Gefahr, in ein linkes Verbot zu geraten, für die Verbesserung der Welt berufen zu sein.

Dem wollte Otto Schily zuvorkommen, als er in einem Gespräch mit seiner Parteikollegin Antje Vollmer später berühmt gewordene Worte sprach:

»Die Grünen dürfen aber überhaupt keinen Zweifel daran lassen, daß sie das Gewaltmonopol des Staates anerkennen – für mich die Voraussetzung für eine demokratische rechtsstaatliche Ordnung, für den Wettbewerb politischer Meinungen.« (DER SPIEGEL Nr. 13, 1985)

»Wenn ich demnächst eine Parteitagsresolution einbringe: Die Grünen bekennen sich zum Gewaltmonopol des Staates, wirst du die unterstützen? Wobei das Gewaltmonopol natürlich nur in den rechtsstaatlichen Grenzen ausgeübt werden darf.«

Thomas Neumann machte danach in der DEBATTE aus, wer hier sein Wesen trieb: der Reformismus. »›Dazugehören‹ ist das Schlüsselwort, der Sesam-öffne-dich des Reformismus von Anbeginn. Seit einiger Zeit ist nicht zu überhören, daß die BRD in linken Kreisen ›Die Republik‹ genannt wird, eine neue Variante des Themas verspäteter Nation, eines auf den inneren Reichstagen der Linken erdachten Nationalstaates, zu dem man gehört, der zur Wirklichkeit drängt.« (DEBATTE 12/85) In der Zeitschrift »konkret« wies in demselben Zusammenhang Günter Amendt auf das Wesen des Staates hin: »Wenn man die Frage ganz nüchtern angeht, dann stellt sich der Staat dar als ein Organ der Klassenherrschaft zur Unterdrückung der einen Klasse durch die andere Klasse.« (konkret 12/85)

Nun, wenn ein grüner Realpolitiker für das Gewaltmonopol des Staates eintritt und ein anderer grüner Realpolitiker in einem späteren Monat (12/85) auch noch hessischer Staatsminister (Joschka Fischer) wird, diese Tatsachen aber auf Kritik von Sozialisten treffen, dann frage ich, was es mit realsozialistischer Staatsministerschaft auf sich hat, ich frage also nach der Alternative zum kapitalistischen Klassenstaat. Ist der sozialistische Staat der Staat der Sozialisten?

»In der sozialistischen Gesellschaft ist die Idee der Unterordnung der Persönlichkeit unter den Staat und die Staatsdisziplin von einem zutiefst positiven und konstruktiven Inhalt erfüllt.« (Der sozialistische Staat Berlin, S. 277)

In der Verfassung der Union der Sozialistischen Sowjetrepubliken vom 7. Oktober 1977 heißt es in Art. 62:

»Der Bürger der UdSSR ist verpflichtet, die Interessen des Sowjetstaates zu schützen und zur Stärkung seiner Macht und seiner Autorität beizutragen. Der Schutz des sozialistischen Vaterlandes ist heilige Pflicht jedes Bürgers der UdSSR. Vaterlandsverrat ist das schwerste Verbrechen am Volk.«

Frech klingt da schon wieder Friedrich Schillers »Lied von der Glocke« an mein Ohr, in dem der Dichter vom »heiligsten der Bande« singt, vom »Trieb zum Vaterlande«. Doch ich lasse mich vom nüchternen Lenin unterbrechen, dem die pathetische Haltung so oft fehlte, wenn er von Staat und Macht sprach, der es lieber mit naheliegenden Vergleichen und scharfen Abstraktionen hielt.

»Die Marxisten fordern die Vorbereitung des Proletariats auf die Revolution durch Ausnutzung des heutigen Staates; die Anarchisten lehnen das ab«, schrieb Lenin kurz vor der Oktoberrevolution in »Staat und Revolution«. Nun mag Schily ebensowenig Marxist sein wie Fischer, und Amendt ist kein Anarchist, vielleicht geht es auch gar nicht um die Revolution. Denn statt im Bereich einer Strategiedebatte oder einer politischen Analyse bewegen wir uns auf dem weiten Feld der Moral. Es geht um Obszönität.

»Der Staat ist ein Instrument der Klassenherrschaft. Bei Schily ist nicht ein einziges Mal der Begriff der Klasse als Erkenntnismerkmal auch nur aufgetaucht. Da haben wir ein Phänomen, das in der Bundesrepublik so klar erst zu beobachten ist, seit die Grünen in der Provenienz eines Otto Schily, eines Daniel Cohn-Bendit, eines Joschka Fischer einen Zipfel der Macht angefaßt haben.« (Amendt, konkret 12/85)

Genau, das scheint der Fehler zu sein: dabeiseinwollen, ohne den Begriff der Klasse als Erkenntnismerkmal auftauchen zu lassen, aber den Zipfel der Macht anfassen! Mit den bürgerlichen Staatsorganen aber zu spielen, stärkt die Klassenherrschaft, denn es kann »die Macht ungeachtet ihrer Organisierung in bestimmten Zeitabschnitten so schlaff werden, daß die Organe des Staates in entscheidenden Lagen, in denen der einzelne auf Hilfe des Staates hofft, nicht in Erscheinung treten und das Gefühl der Schutzlosigkeit und der Auflösung um sich greift« (Theodor Maunz, Deutsches Staatsrecht, München 1977, S. 2). Da wir nun endgültig in der Pornographie gelandet sind, ist die Gegenfrage erlaubt, ob nicht der grüne Griff zum Staatszipfel als verfassungswidrige Onanie im Amt auch zum Abschlaffen der Macht führen kann. Wir werden sehen.

Der Weg von der Allgemeinen Staatslehre zur Staatskörperkunde liegt hinter uns. Ist vielleicht dieser Irrweg in die politische Obszönität verantwortlich für eine immer wieder diagnostizierte Ferne zum Staat? Oder ist nicht vielleicht doch Politik dran schuld, die Politik nämlich, die zu viel fordert und nichts geben will?

Politik aber, und das festzustellen ist heute schon transavantgardistisch, also banal, Politik heute ist dadurch, daß alles politisch ist, im Verschwinden begriffen. Die Tyrannei der Politizität hat selbst die Frage, ob ich in meiner Wohnung bei vollkommenem Alleinsein eine Seite aus Rosenbergs *Mythus des 20. Jahrhunderts* lese, ohne dabei sofort in antifaschistisches Verstörtsein auszubrechen, zur Grundfrage meiner Stellung im binären Umfeld von Gemeinwohl und Eigennutz werden lassen. Selbst wenn ich zwecks autarker Erregung meines Geschlechtstriebes mir Bilder eigenartig sich darbietender Körperteile betrachte, zappele ich schon im Netz einer Politik des Gebotes, mich von den puritanischen Zwängen frühfeministischer Normen zu emanzipieren. Der Genuß von Kaffee brennt mir den Code imperialistischer Weltwirtschaft in den Magen, gegen die zu kämpfen aber keine Moral mich mehr zwingt. In der Küche umgibt mich die Ansammlung von Flaschen, Papier und organischen Resten als ein zu trennender Müll, und wenn ich pisse und danach die Spülung ziehe, trauert mein Herz über das Austrocknen der Grundwasserreserven im Vogelsberg.

Aber so die Welt zu seh'n, ist falsch und extrem französisch, denn dieser Blick ergibt die konkrete Wesensschau des Menschen als Geisel. Es kommt aber darauf an, den Menschen als Täter zu erkennen. Und damit komme ich zum eigentlichen Thema.

Die Tat des 20. Jahrhunderts ist die Abschaffung des Meeres, es gibt keine Küstenstaaten mehr, keine Hafenmacht; Luftfahrt, Funkverkehr und Weltraumeröffnung haben das Kulturreich des Meeres entwertet, ja, abgewertet zum Rohstofflieferanten und friedlichen Transportgelände, die Abschaffung des Seekrieges durch den Luftkrieg hat der Menschheit das kulturstiftende Meerwasser abgegegraben, Venedig ist tot, die Sperrung des Suez-Kanals half Ägypten nichts, und Washington könnte in Texas liegen, ohne daß der Charakter der Außenpolitik der Vereinigten Staaten von Amerika sich änderte. Der Falkland-Sieg der einstigen Seemacht England war blutig schwarzer Humor, das morbide Albion schlägt sich ebenso auf den Schlachtfeldern des Fußballs, Hornblower ist tot.

Das 20. Jahrhundert ist das Ende der Weltgeschichte, denn die Weltgeschichte war eine Geschichte des Kampfes von Seemächten gegen Landmächte und von Landmächten gegen Seemächte, so daß Admiral Castex, Carl Schmitt zufolge, seinem strategischen Buch die Überschrift geben mußte *La Mer contre la Terre*. Leviathan ist tot, Behemoth hat überlebt.

Piraten, Korsare und Freibeuter gibt's nicht mehr, es regiert das Tellurische, die Landmacht triumphiert, und hier ist aus der einst herausragenden Figur des Partisanen der nivellierte Massenmensch geworden. Der Partisan muß schon die Exotik der Dritten Welt in die Metropole bringen, um als besonderer Guerillero anerkannt zu werden. Als Innenpolitiker wird der Partisan lächerlich, wenn er sich erwischen läßt, denn alle sind Partisanen, landgestützte Kämpfer gegen eine Besatzungsmacht, die keiner benennen kann, die aber jeder empfindet.

Es ist die Abwesenheit des lebensnotwendigen politischen Wir-Gefühls, des Verfassungspatriotismus, die über der Republik lastet wie die Gewalt einer fremden Macht. Es herrscht realer Nihilismus, gegen den sich alle verbunden haben zu einer Volksgemeinschaft von Alltagspartisanen.

Die Irregularität ist herrschende Regel, der Politiker ist korrupt und verlogen, der Winzer panscht, der Kellner fragt, auf welches Datum er die Rechnung ausstellen soll,

Spesenritter bevölkern die Dienstleistungsbetriebe, die Oma fährt schwarz, und der Ladendiebstahl blüht, Steuerhinterziehung und Patentdiebstahl, Versicherungsbetrug und Schwarzarbeit sind die Säulen einer Volkswirtschaft, die nur noch in der konzertierten Aktion der kriminellen Kräfte aller Bevölkerungsschichten existieren kann, denn jeder weiß, daß Ökonomie der Krieg ums Überleben ist – und daß dieser Krieg noch ungehegt, ja unerklärt ist, weil »Sozialpartnerschaft« ein Werbeslogan ist und nicht die normbildende Kraft einer transökonomischen Größe besitzt.

Wer nicht betrügt und stiehlt, sei selber schuld, so hört man Volkes Stimme auf den Straßen maulen und in den Kneipen lamentieren. Es ist nicht nur Krieg, alle sind auch daran beteiligt. Keiner besitzt Kombattantenstatus, aber dabeisein ist alles. *Siamo tutti partigiani, somos todos guerilleros*, die Welt konstituiert sich durch das tägliche »Nein« aller Weltbürger, der Konsens aller ist der Dissens der Individuen, der Mitläufer hat sich totgelaufen, es gibt nur noch das Weltkönigreich des inneren Exils und der äußeren Partisanentätigkeit, jedes Liebespaar besteht aus zwei Untergrundkämpfern gegen das Prinzip Liebe, der Staat wird von Staatsfeinden regiert.

Betrachten Sie die Autobahn, sehen Sie sich die Partisanen der unbegrenzten Geschwindigkeit an, diese Menschen, die bedingungslos Leib und Leben von sich und anderen riskieren für das nihilistische Ziel der freien Fahrt ins Irgendwo. »Das Leben ist der Güter höchstes nicht«: Schillers Satz könnte auf schwarz-rot-goldenem Grund an jeder Autobahnauffahrt im Winde flattern und bezeugen, daß die sozialistische Utopie des 19. Jahrhunderts hier und heute sich verwirklicht: Der Staat stirbt ab, übrig bleibt eine den totalen Partisanenkrieg ausübende Masse von Dagegensein um jeden Preis.

Und weil das so ist und weil das so weitergeht bis morgen früh und deshalb auch bald erkannt wird, darum droht die Moral wiederzukommen als Rettung in höchster Not, so, als wüßten wir nicht, daß die höchste Not darin besteht, von Rettern umzingelt zu sein.

In tiefster Depression, voller Furcht und dadurch fast schon schlecht gelaunt stelle ich mich auf die Seite des Rechts, lobe und preise den Staat, denn am Abendhimmel des Jahrtausends leuchtet die Schrift: »Und die Erde wird wüst und leer, und es wird finster auf der Tiefe; und der Geist Gottes wird schweben auf dem Wasser.« Nicht die Apokalypse, sondern die Wiederholung der Schöpfungsgeschichte steht uns bevor, auch Gott kann sich dem Kreislauf der Ewigen Wiederkehr nicht entziehen.

Wenn ich alles zusammenfasse, dann werden Sie mir recht geben, daß wir in einer herrlichen Zeit leben, die einem alle Argumente liefert, mit denen man begründen kann, warum alle anderen Menschen meist ziemliche Arschlöcher sind. Und das war immer schon Redezweck der misanthropen Lebensbejahung.

8. Terrorismus und Landfrieden

»Wo die Gewaltlosigkeit zu mehr Gewalt führt, verliert sie ihre Berechtigung.«

»›Den Stein in der Hand, die Faust geballt, gegen die Schweine hilft nur Gewalt.‹«

Bayernkurier vom 5. Juli 1986 und Überschrift im Bayernkurier vom 4. Oktober 1986.

Wer für den Weltfrieden redet, darf heute vom Terrorismus nicht schweigen. Denn der Terrorismus, weltweit und menschenverachtend, ist die einzige Kraft, die eine dauernde Vorkriegszeit garantiert, einen prä-apokalyptischen Zustand. Nur der Terrorismus verhindert, daß der atomare Weltkrieg ausbricht.

Daran erkennt man, daß keinem der Friede geschenkt wird. Auch die Abwesenheit von weltflächendeckenden Atomexplosionen ist teuer.

Diese vorläufige Wertung gewalttätiger Aktionen und Organisationen deckt sich allerdings weder mit der Verlautbarungspolitik der Bundesregierung noch mit der Überzeugung der multinationalen Guerilla. Dennoch lohnt es, den Gedanken zu verfolgen unter dem Gesichtspunkt der Frage, was denn nun eigentlich Schwarze Politik ist.

Schon in den ganz frühen siebziger Jahren war die RAF (Rote Armee Fraktion oder volkstümlich: Baader-Meinhof-Bande) der wesentliche Absicherungsfaktor der erfolgreichen Ostpolitik der Regierung Brandt/Scheel. Die diplomatische Annäherung an die Staaten des Warschauer Paktes und die Steigerung des Waren- und Kredithandels wären nur schwer denkbar, hätte damals in der Bundesrepublik Deutschland innenpolitisch die absolute Verteufelung des Kommunismus als dem zentralen innerstaatlichen Hauptfeind fortbestanden. Der Antikommunismus war ja bis in die späten sechziger Jahre die tragende Staatsreligion, und wenn vielleicht auch nur einige gestörte Katholiken und fanatische Protestanten im Kommunismus das Böse an sich sahen, so war die große Mehrheit unseres westlich orientierten Volkes sich darin einig, im Kommunisten die Verkörperung des Erz- und Erbfeindes zu erkennen.

Der aus der Studentenbewegung hervorgegangene Terrorismus, immer von herben Schmähungen der 1968 neu zugelassenen DKP (Deutsche Kommunistische Partei) begleitet, gab der sozialliberalen Regierung die Kraft, das Bild des *Feindes* von den Kommunisten auf die Terroristen zu überblenden.

Die ewige Gleichsetzung beider Kräfte durch die nationale Rechte, insbesondere Strauß und die CSU, kam damals beim Volke in seiner Mehrheit nicht an. Zwar wurde schon mal gemunkelt, da gebe es mehr Beziehungen zwischen Pankow und Baaders BMB, als sich die sozialdemokratische Volkshochschulweisheit träumen lasse, zwar wurde traditionell und heftig das rote Gesindel für steigende Preise und Verlotterung der Sitten verantwortlich gemacht, aber diese alte deutsche Redeweise (Stammtischdiskurs) schlug gleichzeitig, wenn sie getrieben wurde vom heiligen Bier deutscher Nation, die Sozialdemokratie mit über den antikommunistischen Leisten – das Geschimpfe und Getobe gegen die Roten blieb im Intimbereich der Motzkultur und erlangte wenig machtvolle Öffentlichkeit.

Der geäußerte Volkskonsens der frühen siebziger Jahre war antifaschistisch und antiterroristisch. Die Angst vor dem kommunistischen Kindsverführer in Lehrergestalt hatten die schlauen Sozis im Verbund mit allen anderen Kräften der Republik durch den Radikalenerlaß ganz nebenbei mitgebannt – die Feuer waren gezündet für das Ende des kalten Krieges.

Nun könnte hier der Einwand erhoben werden, die Opfer des Terrorismus erlaubten es nicht, eine geradezu zynische Belobigung dieser instrumentellen Gewalt als einem kleineren Übel gegenüber der Großkriegsrealität vorzutragen. Solche Kritik aber würde die Tatsache übersehen, daß wir in einer zivilisierten Gesellschaft leben, die höchst komplex und zudem wirtschaftlich mit dem Weltmarkt verbunden und verflochten ist.

So gehört es zu den volkswirtschaftlichen Standards des allgemeinen Konsumverhaltens, Blut, Schweiß und Tränen derjenigen nicht zu beachten, die in fremden Ländern für uns Abendlandbewohner Obst anbauen und ernten, Stoffe weben und Kokain herstellen.

Das moralische Grundgesetz dieser Gesellschaft ist nicht die Bibel, denn die Bergpredigt taugt nur für das handlungsarme Reich des Wortes und der Gesinnung. Sie ist vielleicht denkbar als Grundlage des menschlichen Miteinanderumgehens in philosophischen Seminaren, in denen herrschaftsfreies Reden gelehrt wird.

Politik und Marktwirtschaft aber werden nicht von Gesinnung verwaltet, sondern von unterschiedlichen Mächten bestimmt. Und deshalb kann hier nur eine begrenzte Verantwortungsethik Platz greifen, eine Moral, die grundsätzliche Güterabwägungen vornimmt. Solange noch nicht Weltfrieden herrscht und humanistische Wohlanständigkeit aller Weltbürger, solange geht es darum, die Zahl der Opfer gering zu halten im Rahmen der utopischen Absicht, irgendwann mal die Opferrate der Zivilisation auf Null zu senken.

Am Beispiel Straßenverkehr mag das wieder einmal einleuchtend erklärt werden. Die vielen Toten und Verletzten des Straßenverkehrs könnten verhindert werden, wenn man den Verkehr abschafft. Da er aber notwendig ist, läßt man ihn weiter in Bewegung. Es gilt, die Zahl der Unfälle möglichst gering zu halten. Geboten sind Disziplin und Vorsicht. Würde man nämlich den Straßenverkehr verbieten, bräche u.a. die Versorgung der Bevölkerung mit Lebensmitteln zusammen, es gäbe noch mehr Opfer.

Bleiben wir im Bild des gefährlichen Straßenverkehrs, so erkennen wir schnell, daß die Terroristen gleichsam die Geisterfahrer auf den Autobahnen der Weltpolitik sind. Diese Metapher hat im Journalismus nahezu normative Kraft. So können wir wie im Verkehrsfunk in den Medien oft davon hören, daß verdächtige Männer und Frauen, die etwas Arabisches an sich haben, auf irgendwelchen Gegenfahrbahnen des internationalen diplomatischen Parketts gesichtet wurden.

Der Grundgedanke der allgemeinen Güterabwägung gilt aber auch in der Welt der Arbeit. Ökonomische Tatsache ist, daß es Kriege gibt und daß in Kriegen Waffen gebraucht werden. Auch wer nicht in einen solchen Krieg verstrickt ist, also keinen unmittelbaren Feindkontakt hat, dem ist es trotzdem erlaubt, Waffen zu produzieren und zu verkaufen. Das heißt, es ist legitim, Mittel herzustellen, mit denen so schnell wie möglich viele Menschen umgebracht werden.

Das ist politisch darum nicht unmoralisch, weil so erstens Arbeitsplätze gesichert werden und weil zweitens das Subsidiaritätsprinzip herrscht, das ich in freier Form ins Deutsche übersetze: Wenn deutsche Arbeiter und Arbeiterinnen in solidarischem Bündnis mit unserer nationalen Rüstungsindustrie das Zeug nicht produzieren, dann macht's eben ein anderer (Der Russe? Der Franzose? Sie alle würden es gern tun!), und wir schauen in die Röhre der Arbeitslosigkeit und der Firmenzusammenbrüche.

Statt nun protestantisch die eurozentrische Mitschuld am Massenmord in den Ländern der Dritten Welt zu suchen, beschäftigt sich Schwarze Politik mit dem Grundgedanken der oben geschilderten Zivilisationslogik, mit der Güterabwägung, und wendet sie an auf den Terrorismus.

Das Studium der Kreml-Astrologie und der Wallstreet-Psychoanalyse ergibt, daß die beiden Supermächte nicht durch die Angst vor dem Weltende zusammenkommen, sondern durch den gemeinsamen Nenner eines gemeinsamen Feindes. Natürlich hat sich auch in beiden Staaten innenpolitisch etwas verändert – die Hochrüstungspolitik ist ökonomisch nicht mehr tragbar und kulturell nicht mehr vertretbar.

Doch wie kann Großmachtpolitik getrieben werden ohne einen die Großmacht ständig herausfordernden Feind? Im Jahre 1985 wurden zum ersten Male auch Sowjetbürger vom internationalen Terrorismus bedroht. Damit begann die Wende in der internationalen Friedenspolitik. Sowjetunion und Vereinigte Staaten können sich friedlich nähern, denn der gemeinsame Todfeind des Terrorismus eröffnet ihnen die Möglichkeit, weltweit ihre Großmachtpolitik jeweils als Kampf gegen den Terrorismus auszugeben. Waffen werden nicht mehr geliefert, um die Einflußsphäre der USA im Nahen Osten aufrechtzuerhalten, Waffen werden geliefert, damit die von Terroristen gefangenen Geiseln befreit werden können. Ein Überfall auf ein fremdes Land rechtfertigt sich heute dadurch, daß von diesem Land offenkundig und nachweisbar terroristische Aktionen ausgingen. Die Friedensverhandlungen zwischen den USA und der UdSSR verschieben die Legitimation imperialistischer Politik. Die Großmächte brauchen nicht mehr zum Schein von irgendwelchen Marionetten ins Land geholt zu werden, die Großmächte dürfen als Opfer des Terrorismus begründet zurückschlagen, wohin sie wollen. Die Aufteilung der Welt hat im Zeichen des Weltfriedens und des gemeinsamen Kampfes gegen den Terrorismus eine neue militärpolitische Begründungsmöglichkeit gefunden.

Wenn so die Guerilla den Atomkrieg verhindert – und diese Hypothese ist nicht weniger vernünftig als diejenige der Friedensbewegung, alle Menschen der Welt können unter dem Banner von »We shall overcome« zusammenhalten –, dann ist die Kosten-Nutzen-Rechnung eindeutig auf seiten des Terrorismus, der selbst bei enormer Steigerung seiner Attentatstätigkeit nie an den sogenannten atomaren Holocaust herankommen kann.

»Der Terrorist ist der fähigste unter den Gauklern unserer Zeit.

Die Zahl der Opfer, die von den Terroristen getötet wurden, ist im Vergleich zur Größe des Kampfraums unbedeutend. Der Kampfraum ist die Welt, einmal zerlegt in eingegrenzte Zonen der Gewalt, dann wieder zusammengefaßt zum Aktionsfeld mit der denkbar größten Tiefe. ...

Die Handhabung der Vortäuschung und des Scheins ist die wirkliche Waffe des Terrorismus. Er hat ihre Anwendung systematisiert. Die vereinzelte terroristische Aktion früherer Jahrzehnte ist zum politischen Waffensystem entwickelt worden.« (Franz Wördemann – Terrorismus-Motive, Täter, Strategien – München 1977.)

Der Terrorismus, angetreten zur Zerstörung des kapitalistischen Systems und der imperialistischen Weltverschwörung, tappt immer wieder und wieder in die Falle der mephistophelischen Dialektik. Er ist ein Teil von jener Kraft, die stets das Böse will und doch das Gute schafft.

Der Terrorismus ist das friedlose universelle Feindbild, vor dessen zur Fratze verzerrtem Gesicht die Weltpolitik niederkniet und Völkerverständigung, Friede und sogar antagonistische Kooperation erfleht. Denn antagonistische Kooperation ist der Verzicht der Sowjetunion auf die Weltrevolution und der Verzicht der Vereinigten Staaten auf die Eindämmung und Vernichtung der Macht der Sowjetunion.

Ist also der Terrorismus das kleinere Übel im Verhältnis zu Weltkrieg und Selbstauslöschung der Menschheit? So kann man allerdings nur fragen, wenn man davon ausgeht, daß der Terrorismus immer nur die anderen trifft. Schwarze Politik aber verschweigt nicht, daß auch Sie, Leser, oder Sie, Leserin, die Sie ihr blondgelocktes Kind auf dem Schoße wiegen bei der Lektüre, Schwarze Politik weiß, daß auch Sie zerrissen werden können von Bomben des Terrorismus.

Gibt mir das aber die Berechtigung, den Terrorismus aus diesem Grund der Herzlosigkeit zu zeihen? Sollten wir nicht alle unseren eigenen Teil beitragen zum Weltfrieden, auch wenn es schmerzt? Volksweisheit gibt mir die Antwort: Nichts ist umsonst, außer dem Tod, und der kostet das Leben.

9. Krieg und Frieden

Bewaffneter Friede

Ganz unverhofft, an einem Hügel,
Sind sich begegnet Fuchs und Igel.
»Halt«, rief der Fuchs, »du Bösewicht!
Kennst du des Königs Order nicht?
Ist nicht der Friede längst verkündigt,
Und weißt du nicht, daß jeder sündigt,
Der immer noch gerüstet geht? –
Im Namen Seiner Majestät,
Geh her und übergib dein Fell!«
Der Igel sprach: »Nur nicht so schnell!
Laß dir erst deine Zähne brechen,
Dann wollen wir uns weitersprechen.«
Und alsogleich macht er sich rund,
Schließt seinen dichten Stachelbund
Und trotzt getrost der ganzen Welt,
Bewaffnet, doch als Friedensheld.«

Wilhelm Busch

Die konservative Politik des ausgehenden zwanzigsten Jahrhunderts arbeitet als kulturelle Gegenrevolution für einen vordemokratischen Ständestaat, den sie als postindustrielle Informationsgesellschaft tarnt. Amerika aber ist, wie Dahrendorf schrieb, »die angewandte Aufklärung«.

Sehen wir uns also die USA an und gedenken der Mahnung Mao Tse-tung, daß jedes Ding zwei Seiten hat. So auch die USA. Denn hier verbirgt sich ein junges Volk. Die Amerikaner benehmen sich darum wie ein antiautoritäres Kinderladenkollektiv – sie wollen alles haben und machen alles kaputt. Dieses kriegerische und gleichzeitig kaugummiweiche Flippervolk ist so jung, daß wir Europäer als weltpolitische Greise, als Metaphysiker unseres eigenen Untergangs, kein kollektives Recht haben, als Europäer Bombenterror und Mordgier der US-Army anzuklagen.

Europa ist die Heimat tausendjähriger Greueltaten, Massenmorde, Ausrottungen und Verfolgungen. Von der christlichen Inquisition zieht sich eine Blutspur bis zur Barbarei des europäischen Imperialismus in allen Erdteilen der Welt. Und in Deutschland wurde der Völkermord an den Juden begangen, Deutsche haben den Holocaust als staatliche Regelmaßnahme organisiert.

Mit diesem Erbe stellen sich die Europäer hin und verurteilen junge Völker auf ihrem rauhen Weg durch die urspüngliche Akkumulation der humanistischen Werte, auf einem Weg, der einmal zu Frieden und Demokratie führen soll.

Das Selbstbewußtsein der Demokratie aber setzt Schuldbewußtsein voraus, denn Demokratie ist Täter**handlung** und nicht Opfer**haltung**. Die europäischen Völker schauen auf eine grausige Geschichte der Gewalt zurück, von der sie sich durch keine Gnade einer noch so späten Geburt reinwaschen können.

Darum ist der demokratische Stolz das Gefühl, eine Form gefunden zu haben, in der es historisch erstmals möglich werden kann, daß die finsterste Zeit des Staatsterrors sich nicht wiederholt. Demokratie ist die Abbitte für die Sünden, die politischen Verbrechen der Väter und Ahnen.

Diese lange Geschichte schwerster Übeltaten und allgemeinster Grausamkeiten fehlt dem amerikanischen Volk.

Sie haben die Indianer fast vollständig ausgerottet, sind aber auch erst seit 200 Jahren vom europäischen Imperialismus befreit. Die kriegerische Schwarze Politik im Weißen Haus ist also Teil des weltweiten Generationskonfliktes am Ende der patriarchalen Hegemonie Europas. Was auf Europa gegenwärtig lastet, ist in der Tat und in der Aktion das fluchwürdige Erbe der eigenen tyrannischen Geschichte, die sich, staatsformal überwunden, noch immer rächt.

Das Weiße Haus sucht sich Europa aus als Kriegsschauplatz, und umherschweifende Guerilleros machen jeden Ort in Europa zum möglichen Kriegsschauplatz eines Partisanenangriffs. Das Prinzip Guerilla hat sich verfeinert: Es geht von der Universalität des Krieges aus. Da der Dritte konventionelle Weltkrieg schon geführt wird, ist den Partisanen Europa Front und Hinterland zugleich.

Ob wir wollen oder nicht: Jeder Europäer hat Kombattanten-Status. In dieser unfriedlichen Epoche fällt mir Mao Tse-tung noch einmal ein, der große Lehrmeister Ronald Reagans, Muamar Ghaddafis und Helmut Kohls. Mao schrieb 1936: »Der Krieg, dieser Moloch, der die Menschen sich gegenseitig abschlachten läßt, wird mit der Entwicklung der menschlichen Gesellschaft letzten Endes aus der Welt geschafft werden, und zwar in nicht allzu ferner Zukunft! Es gibt aber nur ein Mittel zur Abschaffung des Krieges: Man muß den Krieg mit dem Krieg bekämpfen.« (Werke, Band I, S. 213, Peking 1968).

Nun hatten wir ganz am Anfang festgestellt, wie wichtig es heute ist, einen moralischen Ersatz für den Krieg zu finden.

Da scheinen wir also in des Teufels Küche geraten zu sein mit dem Konzept, einen Kulturkampf zu empfehlen und dadurch zu hoffen, der Krieg gehe an uns vorbei. Doch noch geben wir nicht auf. Denn es ging um die Verhinderung eines Dritten Weltkrieges, der alles Leben auf der Erde vernichtet.

Eine nicht pazifistisch sich selbst betrügende Kultur, die diese Katastrophe verhindern will, muß sich der Herausforderung stellen, daß Weltpolitik ein Kleinkrieg in Permanenz ist.

Und so können wir aus Einsicht in die schuldhafte Verstrickung Europas in einen jahrehundertealten Imperialismus doch nur mit Demut gegenüber dem Gang der Geschichte bekennen:

Wir sind froh, daß die Dritte Welt politisch so uneins ist und sich gegenseitig befeindet. Solange wird es keine Weltrevolution gegen die Metropolen geben, in denen wir leben.

Doch damit der Druck nicht zu übermäßig wird, sollten wir dankbar terroristische Anschläge bei uns durch Männer und Frauen aus den unterentwickelt gehaltenen Ländern annehmen. Sie verhalten sich zur Weltrevolution wie eine sanfte Ohrfeige zum blutigen Mord.

10. Verantwortung und Vertrauen

»Ich schwöre, daß ich meine Kraft dem Wohle des deutschen Volkes widmen, seinen Nutzen mehren, Schaden von ihm wenden, das Grundgesetz und die Gesetze des Bundes wahren und verteidigen, meine Pflichten gewissenhaft erfüllen und Gerechtigkeit gegen jedermann üben werde. So wahr mir Gott helfe.«

Amtseid der Mitglieder der Bundesregierung
(Art. 56 Grundgesetz).

Helmut Kohl steht im freien Teil Berlins auf der Straße des 17. Juni. Peitschenhiebe klatschen auf seinen nackten Rücken. Die Menge tobt auf den Tribünen, die noch nach dem Tag des großen Vorbeimarsches der alliierten Streitkräfte stehengelassen wurden für die Strafexekution. Blutrote Striemen überziehen den Altkanzler, der unter der erbarmungslos durchgeführten Geißelung zuckt. Er wird wieder einmal für seine dummen Sprüche (von der Gnade der zu spät Geborenen) und erstmals wegen uneidlicher Falschaussage öffentlich zur Verantwortung gezogen. Die Strafe schmerzt, der Oggersheimer brüllt wie einst Quasimodo vor Notre Dame, das Volk aber ist zufrieden und wird heute erst spät zur Droge des Fernsehens greifen. Denn zunächst wird man noch beisammensitzen und sich die live dargebotenen Hiebe im einzelnen durchs Gedächtnis streichen lassen.

Die Zeiten der Staatsverdrossenheit sind vorbei, ein geradezu sinnliches Verhältnis zur Politik ist eingekehrt bei

Staatsbürger und Staatsbürgerin. Das Fest der Martern, die öffentliche Abstrafung von Politikern nach dem Bundesverantwortungsgesetz vom 20. Juli 1989 hat eine erstaunliche Wandlung, eine Wende geradezu, in der politischen Verfassungskultur der Republik bewirkt. Man identifiziert sich wieder allgemein mit dem Gewaltmonopol des Staates, seit es auch gegen oberste Staatswürdenträger angewandt wird. Packend noch ist die Erinnerung an Ostern 91, als Friedrich Zimmermann drei Tage im Bonner Hofgarten am Pranger stand (neben Spranger natürlich) und gesetzestreue Passanten Old Schwurhand anspucken, kitzeln und schmähen durften. Schläge sind verboten, denn sie dürfen nur von Strafbeamten der Länder ausgeteilt werden.

Eine Welle des Verfassungspatriotismus geht nunmehr durchs Vaterland, und allenthalben hört man in Kneipen und auch sonst an der Basis, daß die da oben endlich auch nicht mehr machen können, was sie wollen. Wie hatte sich doch Norbert Blüm geschämt, als man ihm mit beherzter Hand und spanischem Rohr in Düsseldorf auf der Königsallee den nackten Arsch versohlte, weil er nicht sofort sein Versprechen einer extrem gerechten Sozialpolitik eingelöst hatte. Damit dieses Szenario, dieses utopisch satte Gemälde einer auf gerechter Strafe beruhenden Zukunft nicht trockene Phantasie bleibt, damit die körperliche Züchtigung für Berufspolitiker endlich Wirklichkeit werde, dazu bedarf es der Schwarzen Politik.

Denn Schwarze Politik ist der Ausgang des Menschen aus seiner selbstverschuldeten Gutmütigkeit. Die demokratische Gutmütigkeit der Menschen ist die Ursache ihrer politischen Untertänigkeit, die nicht zu revolutionärer Bosheit führt, sondern zu wehleidiger Betroffenheit. In der freiheitlich-demokratischen Grundordnung unterscheiden wir zwischen Tätern und Opfern, also Politikern und

Staatsbürgern. Die Kapitalisten sind heute meist Aktiengesellschaften und gehören damit nicht zum System der Demokratie, sie bewegen sich im Bereich der postindustriellen Weltmarkträtsel.

Der Politiker ist von Hause aus, wenn er seinen Beruf ernst nimmt, machtbesessen und skrupellos. Der Staatsbürger dagegen gutmütig und ohnmächtig. Das ist der entscheidende Gegensatz, der zur Krise der Unübersichtlichkeit (andere reden von Unregierbarkeit) in der gegenwärtigen Politik führt. Diese Krise in einen volkstümlichen Dauerzustand zu überführen, zu transformieren, das ist die vornehme Aufgabe der Schwarzen Politik. Dazu bedarf es der Einsicht, daß die eigentliche politische Unterscheidung die zwischen Freund und Feind ist, also zwischen Täter und Opfer oder genauer: zwischen Staatsbürger und Staatspolitiker. Das ist die Modernität der Politik, daß in der Informationsgesellschaft nicht mehr der äußere Feind und seine 5. Kolonne die Spannung produziert, die das Energiefeld des Staates erhält – es ist in der Demokratie das Volk selbst, das der eigentliche Feind der Regierenden ist. »Die Gefahr geht von den Menschen aus«, hatte der Stammheimer Innenminister Maihofer mit Recht einmal gesagt.

Notwendige Feindschaft aber gilt es zu hegen und zu pflegen und nicht durch ideologischen Schmus und innerstaatlichen Pazifismus zuzukleistern. Der Springquell der Politik ist der Kampf und nicht der Tarifvertrag. Jeder Vertrag, dies sei zugestanden und gleichzeitig allen entgegengehalten, die gegen Vertragsschlüsse glauben radikal und unversöhnlich Partei ergreifen zu müssen, jeder Vertrag, das lehrt die Geschichte, ist eine Plattform, auf der neuer Kampf entbrennt. Schließt man also keine Verträge, kann es auch nicht zu neuen Kämpfen kommen, die das wesentlich innenpolitische Erlebnis sind. Zurück zum Kampf zwischen Berufspolitiker und Staatsbürger. Der Begriff des Politikers wie der des Bürgers ist hier *inhaltlich* geschlechtsneutral verwendet, Männer und Frauen sind davon erfaßt, die Begriffe bleiben aber *formal* männlich. Damit deuten die Signifikanten »Politiker« und »Bürger« den Abstand an, der zwischen Wirklichkeit und Befreiung, Patriarchat und Rotationsprinzip noch besteht.

Solange nun, das erweist schon dieser sprachkritische Ausflug, noch Herrschaft von Menschen über Menschen besteht, solange also nur von Befreiung und nicht von Freiheit die Rede sein kann, solange ist Widerstand gegen Politiker als Herrschsubjekte auch in der Demokratie ein Menschenrecht im Sinne Sacharows, sogar ein Teil der Menschenwürde. Denn unwürdig ist, es sich mit der eigenen Opferrolle im Staatshaushalt bequem zu machen. Auf, auf zum Kampf, heißt daher die ungeschriebene Präambel jedes demokratischen Grundgesetzes, auf, auf zum Kampf, zum Kampf seid ihr geboren! Laßt die Staatsgewalt wieder so recht vom Volke ausgehen, rechtlich gehegt und in bestimmbaren Grenzen, und treffen soll sie die Haut der Herrschenden.

Kann man aber in einer Zeit gesteigerter Gewalttätigkeiten den Vorschlag, Prügelstrafe für Politiker einzuführen, verantworten? Mit dieser Frage haben wir das entscheidende Stichwort zur geistigen Situation der Zeit gefunden: Verantwortung.

Begeht ein Politiker eine Sünde wider sein Geschäft, so wird er im schwersten Falle von der Öffentlichkeit kurzfristig ausgeschlossen. Die Bestrafung des Politikers, des Menschen der Öffentlichkeit, liegt darin, daß er wie eine Ware behandelt wird: Sein persönlicher Marktwert wird geschmälert. Geldstrafen und Geldbußen treten dazu und vergrößern nur die Entfremdung der Charaktermaske vom wirklichen Menschen. So beschränkt sich die Verantwortlichkeit des Politikers für sein Tun darauf, daß er von diesem Tun zurückgezogen wird. Mit Ausnahme von Rudolf Heß gibt es wohl keinen lebenden Politiker, der für sein staatsmännisches Handeln wirklich büßen muß. Privatentnahmen, wie sie der FDP-Mann Scholl seinerzeit bei einem Juwelier tätigte, fallen hier nicht unter politisch zu verantwortendes Handeln, seine Bestrafung ist also auch nicht beispielhaft.

Nun könnte hier auf das Schicksal von Siegfried Buback hingewiesen werden, der als Generalbundesanwalt von der RAF ermordet wurde. Einige sehen hierin ein gerechtes Todesurteil, das auch im Sinne, wenn nicht schon im Namen des Volkes vollstreckt worden sei. Dieser Ansicht möchte ich mich nicht anschließen. Die westdeutsche Metropolenguerilla ist m.E. nicht aktiv legitimiert, Volksjustiz und Politikerbestrafung auszuüben. Das deutsche Volk hat bisher durch keine revolutionäre Umwälzung seinen Willen dazu kundgetan, daß RAF oder Revolutionäre Zellen beauftragt seien, für das Volk dessen Feinde zu liquidieren. Gerade auch der Grundsatz der Öffentlichkeit, den die Schwarze Politik vehement vertritt, spricht gegen die Arbeit der Metropolenguerilla, die sich immer mehr als Selbstläufer existentieller Unzufriedenheit enttarnt.

Zudem ist das Prinzip der Guerilla das Prinzip Heimtücke. Statt sich öffentlich dem Test der eigenen politischen Attraktivität zu stellen, wird heimlich aus Verstecken heraus geschossen, gebrandschatzt und gemordet. Das ist simulierte Partisanentätigkeit, es herrscht nicht der Faschismus, sondern das heulende Elend. So wird in der Demokratie die Guerilla gegen ihren Willen zur neuen metaphysischen Begründung der Staatsgewalt. Denn diese Staatsgewalt wird angegriffen, ohne daß das Volk vorher seine Zustimmung erteilt hätte. Das nimmt das Volk übel und sieht sich daher in seiner Mehrheit auch nicht zum

Mitleid mit den Gefangenen des bewaffneten Widerstandes aufgerufen. Die Loyalität der Bürger, die wissen, daß sie Opfer sind, geht zum gewinnenden Täter, dem Staat, über, wenn sich die Angreifer ebenso als Opfer erweisen. Hier gilt der sportliche Geist, die Sympathie für den Gewinner, der durch die Herausforderung des Terrorismus an sinnlicher Attraktivität ein wenig gewinnt. Der Schwarzen Politik aber kommt es darauf an, die Staatsgewalt zu verändern und nicht zu feiern. Nicht der Staat als Abstraktion sollte vom Bürger unterstützt werden, von utopischer Bedeutung ist das kämpferische Verhältnis zwischen Staatsbürger und Staatspolitiker.

Es führt nämlich die öffentliche, rechtsstaatliche gehandhabte Verprügelung von Politikern auf dem Marktplatz des Gemeinwesens zu schadenfroher Zustimmung, zur Erkenntnis, daß auch der Politiker ein schmerzhaftes Berufsrisiko trägt. Dann muß auch nicht mehr aus dem Hinterhalt die Wade Walter Wallmanns getreten werden, dann brauchen auch keine unbedachten Fäuste mehr geschwungen werden gegen Klaus Bölling und Heiner Geißler. Dann kann endlich der politische Anstand in den anstehenden Auseinandersetzungen gewahrt bleiben.

Noch ein arbeitsmarktpolitisches Argument spricht für die Wiedereinführung der Rute in das Verfassungsrecht. In den letzten Jahren drang es, wie immer einmal in der Weltgeschichte, an die Öffentlichkeit, daß hochgestellte und entscheidungswichtige Männer gern zur strengen Domina gehen, um sich dort vom Entscheidungszwang bei masochistischen Riten zu erholen. Die Öffentlichkeit des Bestrafungsvollzugs würde, das sei prophezeit, keiner Domina Kunden wegnehmen, es ist eher mit einem Anstieg des Bedarfs nach strenger Unzucht zu rechnen.

Da auch die Kirche politische Macht ausübt, können und dürfen kirchliche Würdenträger von öffentlicher Bestrafung nicht ausgenommen werden. Gerade die katholische Kirche hat eine so große, historisch fast einmalige Sammlung an Straftechniken hervorgebracht, die man an ihren heutigen Gliedern wieder ausüben sollte. Die Geschichtslosigkeit, mit der im Vatikan blind nach vorne geschaut wird, sollte ein Ende haben. Es ist doch denkbar, wenn ein Kardinal, der vom geschlechtlichen Beiwohnen rein gar nichts versteht, wieder einmal seine dumme, aber maßgebliche Meinung zur Bestrafung der Abtreibung äußert; es ist doch denkbar, daß ein solcher Mann von, sagen wir, drei kräftigen Müttern auf dem Frankfurter Römerberg am Gerechtigkeitsbrunnen splitternackt ausgezogen und ausgepeitscht wird. Ein erhabenes Bild von der Beständigkeit menschlicher Kultur!

11. Monarchie und Männer

»Das Verschwinden des Staatsmanns als großen Mannes ist nicht eine Erscheinung der sozialen Wahrnehmung oder Ausdruck eines Interims von Mediokrität, sondern hängt mit einer prinzipiellen Veränderung der Weltlage zusammen. Mochte man zu Beginn des nuklearen Zeitalters noch glauben, daß künftige Geschichte, wie die vergangene, große Veränderung unter den Mächten dank Weisung oder entschlossenem Handeln von Staatenlenkern oder Menschheitsführern möglich sei, so hat es nur weniger Jahrzehnte bedurft, die Realität eines im Grundsatz unveränderlichen Status quo zu befestigen. Ein Aufbäumen der mittleren Mächte gegen die Teilung der Welt in imperial beherrschte Großräume wäre lebensgefährlich, wird allenfalls von Phantasten, ohne jede Chance auf Gefolgschaft, ins Auge gefaßt. Selbst die Mächte, die heute Supermächte heißen, stellen den Weltzustand nur noch deklamatorisch in Frage und stabilisieren ihn in der Praxis, nur gelegentlich Interventionen ins Herrschaftsterritorium der jeweils anderen riskierend. Für den großen Mann als Veränderer, Gestalter der Weltpolitik, ist keine Rolle mehr im Erdendrama vorgesehen. Selbst bloße heroische Bewahrung eines übernommenen Reiches kann keinen Titel der Größe mehr begründen, weil schon die Bedrohung des festgezurrten Status nicht sein darf. Große Männer mögen noch in kleinen Verhältnissen vorkommen, in jenem schmaler werdenden Zwischenreich, das noch nicht durch Verabredung der Weltmächte oder ihr konkludentes Handeln aufgeteilt ist. Statt Napoleon Chomeini. Allenfalls mag Phantasie sich einen großen

Mann träumen, der eine Krise bewältigt, die nicht eine solche des Verhältnisses der beiden Supermächte ist, ein Zusammenbruch der Weltwirtschaft beispielsweise oder ein Angriff der Außerirdischen; oder es stiftet einer die Nation Europa.«

Johannes Gross – in: FAZ-Magazin vom 6.3.1987

Jede reaktionäre Epoche ist dadurch geprägt, daß ein öffentliches Gejammer über den Mangel an großen Männern laut wird. Je größer die allgemeine Unübersichtlichkeit ist, um so mehr wächst das Bedürfnis nach starken Männern. Politisch entwickelt sich dies Bedürfnis zur Sehnsucht nach dem starken Mann, der Boden für Diktatur wird bereitet.

Wofür steht er nun, der große Mann? Oder fragen wir weniger sexistisch danach, woher es rührt, daß die Abwesenheit großer Männer zu Unlustgefühlen führt. Der große Mann scheint ein wichtiges Kulturgut, ja eine Kulturleistung zu sein.

Kulturleistung, das wissen wir seit langem, ist ein Produkt des Triebverzichts. So könnte der Mangel an großen Männern vielleicht darauf zurückzuführen sein, daß Männer in den letzten Jahren zu viel gevögelt haben, sich zu stark der Sinnlichkeit hingegeben haben, statt der Pflicht zur Größe zu dienen.

Schon Salvador Dali hat einmal behauptet, daß Sexualität eine Alternative zur Kunstproduktion sei. Wie viele schöne Werke seien nicht geschaffen worden, nur weil der Künstler statt dessen was anderes getan habe. Die Zeit des Nichtvorhandenseins eindrucksvoller Führerpersönlichkeiten scheint jetzt vorbei zu sein. Die kulturschädigende Rumhurerei nimmt ein Ende. Rettung naht und ist schon da. Aids heißt das furchtbare Heil.

Jedes Unheil hat seine Geier. Die Seuche Aids ist ein Unheil, eine Niederlage für alle im Krieg der Geschlechter, der in den letzten Jahren durch feministische Nachrüstung bestimmt war.

Doch wie bei jedem Krieg treibt sich hier auch ein Gesindel von Kriegsgewinnlern herum, von Menschen, die sich ihr Geschäft aufbauen am Leid anderer. Dumme Propagandistinnen des Abschieds vom koitalen Mann vertreten die Ansicht, Aids entmachte den Phallus. Kondome seien ein Angriff auf des Schwanzes Herrlichkeit.

Da muß die Adenauer-Zeit ja das reinste Matriarchat gewesen sein, denn damals, in der Vor-Pillen-Zeit, waren Präservative nichts so Besonderes, wie es heute manche Wurzelfeministin glaubt. Diesen Frauen kann man nur zurufen, daß sie mit Konradine Adenauer die ganze Sauerei angerichtet hatten, die wir heute ausbaden müssen.

»Aids macht den Zipfel-Gipfel zur Giftspritze«, schreibt Monika Goletzka in der ZEIT vom 27. Februar 1987, und Heide Soltau weiß in der taz vom 21. Februar 1987 noch mehr: »Wenn heute ein Mann sicher und gefahrlos mit seinen Trieben leben will, muß er ein Kondom benutzen. Eine unbequeme Sache, nachdem ihm die Frauen jahrzehntelang das Problem der Empfängnisverhütung abgenommen haben und er wie die Made im Speck leben konnte.«

Ich weiß nicht, wie fett die Made Soltau ist, es interessiert mich auch nicht.

Heißt es bei ihr anfänglich noch »ein Mann«, so wird daraus schnell ein Gattungswesen, nämlich der Mann an sich, dem die Frauen jahrzehntelang das Problem der Empfängnisverhütung abgenommen haben. Aus unterschiedlichen Individuen kristallisiert sich heraus das ontologisierte Gattungswesen, die biologisch-rassisch bestimmte Seins-Figur: der Mann. Mag er im Einzelfall

20 Jahre alt sein und schwul, auf jeden Fall haben ihm seit Jahrzehnten die Frauen das Problem der Empfängnisverhütung abgenommen. Jetzt stelle ich mir noch vor, wie die Frauen – also nicht die eine oder andere, sondern alle –, wie also zwei bis drei Milliarden Frauen um sein Bett herumstehen und ihm das Problem der Empfängnisverhütung abnehmen.

Der Mann und *die* Frauen – das ist das sprachliche Holz, aus dem das Verhältnis Führer-Gefolgschaft geschnitzt ist. Möge es beim Holzschnitt bleiben! Die Freude katholischer Kleriker über Aids muß nicht überraschen, daß aber im Gewande des Feminismus die alte Koalition von angeblich frauenfreundlicher Sexualaskese und autoritärem Staat neu gebildet wird, das kann einen schon erschüttern.

Betrachten wir also die Männerfrage radikal vom Männerstandpunkt aus.

Das zeitgenössische Vaterbild ist die simulierte Mutterglucke, die neben Mütterlichkeit noch den Vorteil männlichen Geschlechts mit sich herumschleppt. Das ist furchtbar, das ist eine extreme Hinterlist krypto-patriarchaler Gaunerei, und das ist auch ästhetisch eine Qual. Die neuen, von Scheinschwangerschaften gebeutelten Männer, die ihre Kinder durch die Gegend schleifen, als handele es sich um indianische Idyllfiguren aus Peru, made in Woodstock, sind Jammergestalten eines einst stolzen Geschlechts, nämlich des Geschlechts der Väter. Dieser Sachverhalt ist außerordentlich unschön; und ist die Welt nicht schon häßlich genug und mangelhaft?

Die Natur geht kaputt, die Familie ist schon kaputt, und der Mann von heute macht gern auf kaputt, gerade auch derjenige, der sich mit Yuppie-Fassade oder neuem Macho-Outfit durchs körperbewußte Leben streßt.

So steigert sich der herrschende Kulturverdruß bei gleichzeitiger Einschränkung des Sexualgenusses, der heuer zwischen Ausschweifung und Askese wieder einmal heimatlos geworden ist. Schuld daran aber ist der Unwille des Mannes zu authentischer Vaterschaft.

Diese Entwicklung ist kein Produkt einer vaterlosen Nachkriegsgesellschaft der 50er Jahre, diese Entwicklung ist vielmehr Teil der Apokalyptik, die wir seit Beginn des 19. Jahrhunderts, dem Ende des Heiligen Römischen Reiches Deutscher Nation, im Abendland beobachten müssen.

Je mehr der Weltuntergang auf die Tagesordnung gesetzt wird, desto verweibter wird der Mann und verweigert sich. Er trotzt und will nicht Vater sein und damit Verantwortung tragen fürs Ganze. Auch wenn umgekehrt die Entväterlichung des Mannes zur weltumgreifenden Untergangsmetaphysik geführt haben mag, so ist hier wenigstens ein Ursachenzusammenhang zwischen beiden Faktoren festzuhalten.

Der geistig-moralische Hintergrund der Lebenswelt, in der Männer sich vor der Vaterschaft verdrücken, ist purer Geiz, ein auf die Zukunft bezogen absolut schlaffes Investitionsverhalten. »Die Welt, in der es sich noch lohnt zu leben, gilt als zum Untergang verurteilt. Die Welt, die ihr folgen soll, verdient keinen anständigen Bewohner mehr. Es hat also keinen Sinn, dauerhaft zu lieben, zu heiraten und etwa Nachkommen zu zeugen.« (Joseph Roth, Radetzkymarsch)

Sind dennoch Kinder entstanden, so müssen diese als Träger der Rentenlast und angebliche Verleiher der Erde (»Wir haben die Welt nur von unseren Kindern geliehen bekommen«, so sagt eine bekannte Charlottenburger Indianerweisheit) sich damit abfinden, nicht mehr erzogen, sondern nur noch betrachtet zu werden. Kinder leben heute in den Trümmern der verschiedenen Erziehungsdogmen. Man läßt, gerade als mänlicher Penetrant und

Samenspender, einfach alles gehen, jedes seinen eigenen Weg.

Und dabei hätte doch gerade auch das Kleinkind ein Recht darauf, etwas von der Kälte und Brutalität der Wirklichkeit, von der unbeugsamen Furchtbarkeit der Welt zu erfahren. Für dieses Erlebnis ungerechter Strenge hat es einmal den Vater gegeben und damit die Chance, sich besser vorzubereiten auf den Härtetest des Lebens. Aber nein, das masochistische Ideal, Zeitgenosse einer Technik zu sein, die endlich die Menschheit vernichten kann, diese stolze Freude, durch die Teilnahme am Jüngsten Gericht selbst etwas Besonderes zu werden, diese Feier der eigenen Nichtigkeit wird auch noch dem Nachwuchs aufgezwungen, der vaterlos und also nur halb lebensfähig in die Zeit entlassen wird.

Der Weltuntergangsblues ist es, der im Bette der Nachwuchserzeugung Zweifel sät, so wie er in der Werkstatt des Schriftstellers zum Literaturproduktionsstreik drängt.

»Der wirkliche Mann will Kinder haben. Das ist *sein* Ideal der Ehe. Ein höherer Mensch, der bedeutende Werke schafft, braucht – innerlich – keine Kinder, und deshalb ist für die eigentlich genialen Menschen die Ehe unlogisch – nicht die geschlechtliche Liebe.« Mit diesen Worten stellt sich unser großer Philosoph des Verschwindens, Oswald Spengler, einen Freifickschein aus, ohne das Problem, warum der wirkliche Mann auszusterben droht, durch eine einfache Privilegierung des »höheren Menschen« lösen zu können. Zu viele Männer fühlen sich ja überraschenderweise als höhere Wesen im Sinne Spenglers – Künstler etwa, Sportler, Autonome oder auch Chirurgen –, und das Abendland droht immer noch unterzugehen.

Soziale Impotenz schlägt um in seelische Tautologie. Die Empfindungsfigur bewegt sich etwa so: Ich fühle mich angesichts des Weltendes so schwach, daß es zum Vatertum nicht mehr reicht, also zeuge ich erst gar nicht oder werde, wenn schon gezeugt wurde, die bessere Mutter.

Woher kommt nun diese vorväterliche Lebensschwäche?

Das ist nicht mehr nur massenpsychologisch, sondern auch verfassungspolitisch zu erklären. Die genannte Schwäche ist eine Folge davon, daß die entscheidenden Überväter patriarchaler Ordnung gestorben sind: Gott ist tot, und auch die Könige und Kaiser scheiden dahin. Der Vater hat kein Leitbild mehr.

Die Abdankung Wilhelms II. machte viele Deutsche bis ins Proletariat hinein »vaterlos«. Denn sowenig 1918 eine wahre Revolution stattfand, sowenig war Friedrich Ebert ein Kaiser. Hier sprudelt die Quelle deutscher Sehnsucht nach Führung und Autorität. So ist die Pflicht des Mannes zur Vaterschaft in gewisser Weise auch ein antifaschistischer Auftrag. Denn der Weimarer Vaternihilismus erfaßte die preußisch-deutsche Misere der ausgebliebenen oder gescheiterten Revolutionen, das Elend der Einheit von Thron und Altar, des Königs als Summus Episcopus, der traumatischen Verklärung des Fürsten zum Vater, des Herrschers zum Herrn.

Und damit sind wir beim Kern der heutigen Männerfrage. Nachdem Gott und die Fürsten als wirkliche Vaterfiguren kapituliert haben, schmiß sich der orientierungslos gewordene Mann an die Frau heran, an die Sozialfigur der Mutter. Und weil ihm das peinlich war, weil er sich instinktiv geschämt hat, darum hat der Mann aus Rache den Weltuntergang erfunden, dem er heute wie allem künstlich von ihm Gemachten mit Entsetzen gegenübersteht. Der verweibischte Mann glaubt an den Weltuntergang, diese parthenogenetisch erzeugte eigene Leibesfrucht, er verliert sich in Träume zurück, er will Kind bleiben und sich im Uterus einbunkern.

So ist der Mann von heute doppelt gebeutelt, biologisch dem Weib unterlegen und politisch charakterlos. Die Konsequenz aus dieser Erkenntnis kann nicht der Kampf für die Wiederherstellung der Monarchie sein, nein, der Mann selbst muß wieder König werden. Der Berliner Rock-Sänger Rio Reiser hat mit seinem Lied »Wenn ich König von Deutschland wär« das konkret-utopische Moment der sozialen Vaterschaftsrolle erspürt, während Herbert Grönemeyer mit seinem blöden »Gebt den Kindern das Kommando« noch immer die Zeichen der Zeit nicht erkennt und in reaktionärer Pädophilie verharrt.

Die Welt ist alles, was Zerfall ist, so Wittgenstein in der korrigierten Version von Gabelin. Die Welt ist ein einziges Katastrophenprinzip (Velikovsky, Lem) – auch das wissen wir und sagen stolz: Na und?! Aufklärung also heißt, sich aus der Unmündigkeit, aus der Drogenabhängigkeit der selbstverschuldeten Endzeitvorstellung zu befreien und die Königsgestalt eines aufgeklärt absolutistischen Vaters in der Familie anzunehmen. Denn das ist das Programm 2000 der neuen Männerbewegung: schärfste politische Verurteilung des Patriarchats, aber wertkonservativer Wiederaufbau des paternalistischen Mannes (= Vater).

Nachbemerkung

Elemente des vorliegenden Pamphlets habe ich übernommen aus eigenen Artikeln in den Zeitschriften »Düsseldorfer Debatte«, »Freibeuter«, »Joseph« und »Pflasterstrand«. Wenn es also Übereinstimmungen mit früher veröffentlichten Formulierungen gibt, dann ist dies Absicht. Auch kann ich nicht leugnen, fremde Autoren ausgeplündert zu haben. Falls dies nicht gekennzeichnet ist, dann liegt der Fall unbewußten geistigen Diebstahls vor.

Die Scarabäus-Bücher bei Eichborn

»Mäßige Abweichung vom humanen Geschmack gilt als anstößig – größere als pervers.
Hyänen und Geiern ist die Witterung des Aases, Scarabäus der Kot angenehm. Sie alle sind nützliche Tiere, Abräumer.« (Ernst Jünger)
Scarabäus heißt der von den alten Ägyptern als heilig verehrte »Pillendreher«. In seiner Mistkugelproduktion ist das keimende Leben der nächsten Käfer-Generation verborgen. Die Buchreihe »Scarabäus bei Eichborn« macht das »Mistkäfer-Prinzip« auf dem Feld des Geistes fruchtbar. Im Dunkeln, im »Fallengelassenen« brüten die Gedanken von morgen. Unter den Übersehenen, scheinbar »abseitigen« Themen sind die Themen, die uns bald packen werden. Dafür lohnt es sich, die Hinterlassenschaften dessen, was in Vergangenheit und Gegenwart sich groß und mächtig gespreizt hat, bis es unter dem Pusten irgendeines Zeitgeists in die Tiefe gefallen ist, genau zu inspizieren.
Für die vergangenen beiden Jahrzehnte war das Thema »Mythos« abseitiger Geschichtsmüll, in dem Fachleute, Ewiggestrige und Esoteriker herumstocherten. Seit der »Fortschritt« langsamer tritt, steht das Verhältnis von Mythos und Moderne wieder auf der Tagesordnung. Die Wellen von kollektiver Angst, die in den letzten Jahren besonders auch die sich einst als »progressiv« Deklarierenden erschüttert haben, sind noch lange nicht verebbt. Sie haben im Saldo zu einer Aufwertung des Religiösen, sogar zur wachsenden Reputation der offiziellen Kirchen geführt. Sie haben die Sehnsucht nach harmonischer Gemeinschaft, nach der Gewißheit spendenden überschaubaren Ordnung geweckt.
Man kann solche Bedürfnisse als Bestätigung für die immergültige Wahrheit der Institutionen und Ideologien, von Staat und Religion lesen. Man kann sie aber auch als ewigen Nährboden von Unmündigkeit, Sehnsucht nach Verantwortungslosigkeit und Angst vor der Freiheit interpretieren, gegen die jede neue Generation aufs neue zum Kampf anzutreten hat.
In der Scarabäus-Reihe kommen Positionen zu Wort, die da NEIN sagen, wo hohe Gefühle beschworen, Harmonie gestiftet und die Macht der großen Mehrheit in Bewegung gesetzt wird.
Die katholische Kirche hat bei ihren Heiligsprechungsverfahren einen Anwalt, den »advocatus diaboli«, der alle Einwände gegen den in Frage stehenden Kandidaten sammelt. Ist sein Material überzeugend, fällt der vorgeschlagene Heilige durch. Die Bücher der Scarabäus-Reihe haben eins gemeinsam: Sie versuchen allen verordneten Wahrheiten und einlullenden Majoritätshymnen den Part des »advocatus diaboli« zu halten.